中青年经济与管理学者文库

企业财务报表分类列报改进研究

周在霞 著

中国财经出版传媒集团
中国财政经济出版社

图书在版编目（CIP）数据

企业财务报表分类列报改进研究／周在霞著．--北京：中国财政经济出版社，2022.8
（中青年经济与管理学者文库）
ISBN 978-7-5223-1553-9

Ⅰ.①企… Ⅱ.①周… Ⅲ.①企业管理-会计报表-研究 Ⅳ.①F275.2

中国版本图书馆 CIP 数据核字（2022）第 114875 号

责任编辑：武志庆　　　　责任印制：党　辉
封面设计：智点创意　　　　责任校对：胡永立

企业财务报表分类列报改进研究
QIYE CAIWU BAOBIAO FENLEI LIEBAO GAIJIN YANJIU

中国财政经济出版社 出版
URL：http：//www.cfeph.cn
E-mail：cfeph@cfeph.cn

社址：北京市海淀区阜成路甲 28 号　邮政编码：100142
营销中心电话：010-88191522
天猫网店：中国财政经济出版社旗舰店
网址：https：//zgczjjcbs.tmall.com
北京财经印刷厂印刷　各地新华书店经销
成品尺寸：148mm×210mm　32 开　7.625 印张　210 000 字
2022 年 8 月第 1 版　2022 年 8 月北京第 1 次印刷
定价：35.00 元
ISBN 978-7-5223-1553-9
（图书出现印装问题，本社负责调换，电话：010-88190548）
本社质量投诉电话：010-88190744
打击盗版举报热线：010-88191661　QQ：2242791300

策划人语

题记：一个人的精神成长史，取决于他的阅读史。只有阅读能最有效地培养精神生活习惯，而好的习惯又培养性格，性格决定人生。

——我们自豪，因为我们就是创造这精神产品的人。

选择了飞翔，总能看到蓝天；选择了远航，总能感受大海。人生不仅要作出选择，也要坚持住自己的选择。学会计、当编辑是我的意外选择。人说编辑是为人作嫁，可是这一选择我坚持了30年，苦在其中，乐在其中，也算是有声有色。每当我把一本本好书呈献给人们的时候，我觉得我是“富贵”的人：富，不是你身上的钱财，而是你心里的满足；贵，不是你地位的显赫，而是你被人需要的程度。

书海探寻，情怀永恒

我要说，做编辑我幸运，因为我不仅是第一个读者，可以对作品“品头论足”，也可以对作品“生杀予夺”；更重要的是，这是一个有很高层次的平台，在多年与名家的交往和名著的“对话”中，深深地为他们的人格和才学所感动，被作品的精彩所吸引，这不仅使我“下笔如有神”，更使我的思想和灵魂也受到一次次洗礼和震撼，得到一次次升华。对于我的作者我的书，如数家珍，作者中不乏才学和为人同样过人的多位泰斗和“颜值高责任大”的众多才子佳人；策划的作品不仅立足专业还兼顾人文，也是情怀所在，专业加人文路才会更宽更远。

多年的体会是，作为一名编辑，起码要“三心二意”，即“责任心、细心、耐心”和“服务意识、创新意识”。要多策划一些拳头产品，用一个选题推动一个系统工程，用一个系统工程培养一个出版社品牌。给新入职编辑讲座时我做过一个比喻：编辑两项基本功，审稿——甚至要比博导审批学生论文还要全面、细致；选题策划——要像电影导演一样做“星探”，善于发现优秀作者和挖掘好的原创作品。记不清30年来我策划和编辑了多少书，组织和策划了大批教材、业务培训用书、通俗读物、理论专著等，有的获得过国家、省部级各类奖项，有的以其填补空白、社会热点、风格新颖、开拓尝试等特点受到读者的欢迎。正是：

一入书门情似海，
探寻经典职责在。
苦辣酸甜何其乐，
编辑人生也精彩。

想是问题，做是答案

众所周知，目前的图书出版业在行业竞争和纸质图书受到严重冲击的情况下，出版人无不感到莫大的危机。在这种背景下，我们还要积极应对，完善纸质图书的固有特质，拓宽纸媒的功能，挖掘出版内容和形式都精彩的原创作品，适应新形势下读者的更高需求。2017年至今，在新的时代环境下不断出新，我又策划了多套系列丛书和单本图书，不乏名家著作、教材、学术专著和实务丛书等，继续为扶持学术研究和总结实践最新成果，在高端研究与专业知识普及和应用之间搭建一座座有益的桥梁。

每一个时代的经济环境不同，理论研究和实务探索所需要解决的问题也有所差别。当前我国处于新的历史时期，市场环境和组织模式不断演变发展、推陈出新，经济、管理、财税等领域的新理论、新思想、新方法、新工具也层出不穷。乱花渐欲迷人眼，击水三千浪几何？这些领域的研究人员被时代赋予了更艰巨的责任，也面临着更高、更多元的要求，我们不仅要具备更广阔的学术视野，而且要有更严谨的学术思维。

输在犹豫，赢在行动

《中青年经济与管理学者文库》的作者，都是我国经济与管理领域的中坚力量，也是未来的大家。他们中有些人潜心从事理论研究，有些人则深耕在实务一线，但无论现实身份如何，视野全都没有被拘泥在“象牙塔”内。他们从不同视角对市场经济的不同要素进行细致审视，然后汇聚于“财经版”这面旗帜之下，相互碰撞，彼此激荡，力求在市场经济转型升级的关键时期留下最新鲜的“中国印记”。

这些经济与管理领域的中青年学者，就是我国市场经济发展的潜力与优势，他们的研究成果，不仅将引领市场经济的各个组成环节向更科学、更先进的方向发展，而且将成为我国政府和企业在未来经济世界扮演更重要角色的支点与动力。祝愿这些中青年学者能攀上更高的学术之山，走向更远的研究之路，也期待宏观、中观、微观各个层面的市场参与者都能从这套文库中得到切实的启发与指引，在全面深化改革、增强发展活力的关键时期，发挥正能量和积极作用，为经济社会发展增添新的动力！——这也是我策划此套丛书的初衷。

作始也简，毕也必巨

2021年，是一个非凡之年，纵观世界风云，抗击疫情“风景这边独好”，“十四五”规划开局，我们喜迎建党百年。“其作始也简，其将毕也必巨。”从“开天辟地”“改天换地”到“翻天覆地”“惊天动地”，我们党经历了四个历史时期——救国大业、兴国大业、富国大业、强国大业，四件大事铸就了中国共产党百年辉煌。我们不禁感叹——风雨百年创辉煌，“天地”之间“有杆秤”。

2021年，还是一个纪念之年，出版社成立65周年和我从事编辑工作30周年。65年来，财经出版社始终坚持正确的舆论导向和鲜明的出版特色，努力为经济建设和财政工作服务，致力于为读者奉献经典作品，在中国财经出版传媒集团旗下发挥着更大的作用，取得更大的成就。作为一个有着20多年党龄的党员，我是生在新中国长在红旗下的幸运的一代，怀着对党无限的热爱和感恩，浓情做事、淡泊做人，用30年的情怀和坚守见证了出版业的转型，践行了编辑的天职，向党递交一份努力的答卷。

2017年策划出版《中青年经济与管理学者文库》至今已五年，得到了众多中青年学者的热烈响应与大力支持，文库诞生至今已囊括专著60余种，为中青年学者们提供了展示学术研究成果的平台，作者队伍不断壮大，作品陆续出版。如果您认可，如果您有意愿，欢迎您和您的朋友加盟我们的作者队伍！在中国财经出版传媒集团的“旗舰”下，中国财政经济出版社这“老字号”，一定励精图治，谱写新的篇章。敬请关注“龙媒玉制新书坊”微信公众号，我们用“龙的精神，玉的品质”来助力您实现梦想！

策划人：樊清玉

邮箱：qingyuf@ sina. com

2021年12月31日

企业财务报表是企业财务状况和财务执行情况的结构化表述，是财务报告的核心部分。企业向信息使用者传递哪些财务信息，采用什么样的方式列报，正是“财务报表列报”所要解决的问题。财务报表列报直接关乎财务信息是否能准确有效的传递，从而直接影响利益相关者的经济决策，因此，财务报表列报的改进和完善一直是准则制定机构和会计理论界不断探讨的热点问题。国际两大政策制定机构美国财务会计准则委员会（FASB）和国际财务会计准则理事会（IASB）2008 年和 2010 年发布的公告中将财务报表列报的基本原则列为“信息分解性”与“内在一致性”，提出了“分类列报”的财务报表列报模式。2019 年，IASB 发布的最新公告中，又一次明确在利润表中实行分类列报，并提出了新的分类方法。作为其支撑，国际会计学术界也涌现了众多分类列报相关的理论研究与实证检验成果。中国的企业财务报表列报模式是在财政部的主导下，基本借鉴国际财务报表列报模式，缺乏相应的理论和实证研究。财务报表是否需要分类列报？如何分类能够满足报表使用者的需求？IASB（2019）的分类方法是否在中国适用？如何建立符合中国实际且能满足报表使用者需求的财务报表分类列报模式？这些

问题的解决既是应对国际新一轮报表列报改革亟待解决的现实问题，也是完善中国财务报表列报理论必做的工作。

本书研究企业财务报表的列报问题，以财务报表的分类列报作为研究的核心。本书从财务报告的目标出发，基于“需求导向”，首先分析财务报表使用者的信息需求，结合权益理论和剩余收益理论，分析能够满足报表使用者共同需要的信息是什么；在此基础上对基金理论进行改进并提出企业经济活动的改进后分类法；接着在此基础上提出对基本财务报表（资产负债表、利润表、现金流量表）进行分类列报改进的基本思路及改进后报表能够提供的信息；然后运用调查问卷及上市公司的大样本数据进行实证分析，验证改进后报表所能提供信息的有用性；最后提出财务报表分类列报改进的具体方案和相关案例分析。本书可以分为四大部分：

第一部分为问题的提出和文献综述，包括第 1 章和第 2 章。第 1 章详细介绍了本书的研究背景、研究目的和研究意义、研究思路。第 2 章对国内外研究现状进行阐述并进行评论。

第二部分为理论分析部分，包括第 3 章和第 4 章。第 3 章介绍了本书的依托理论。第 4 章利用这些理论进行逻辑推导。从财务报表使用者的共性需求出发，结合基金理论，提出将企业视为一个“资金运作中心”，并重新界定了“资金”的概念。在此基础上，结合企业经济活动的改进后分类法，提出了财务报表分类列报改进的基本思路以及改进后报表能够提供的详细信息，包括：资金来源与资金运用存量信息、资金效率信息、资金流量和增量信息及财务风险信息。其中，资金运用效率信息是帮助信息使用者决策最重要的信息，被定义为“改进后核心信息”。

第三部分为实证检验部分，包括第 5 章至第 7 章。第 5 章通过调查问卷来调查我国实务界对企业财务报表列报现状的认知和意见、建议。第 6 章和第 7 章采用大样本数据检验财务报表分类列报改进后信息的盈利预测能力和价值相关性。实证结果证实改进后信息可以帮助使用者更好地预测主体未来的盈利能力，并具有显著的价值相关性，能够为其投资决策提供更好的信息支持。

第四部分为财务报表列报的具体改进方案，是文章的第 8 章。在证实了改进后信息的有用性后，提出了详细的改进方案，给出了改进后资产负债表、利润表、现金流量表的列报样式，并对复星医药 2016—2019 年的财务报表进行重构，分析了重构后的报表能够提供的财务信息。

本书的创新之处有：

(1) 将财务报表使用者的信息需求与基金理论相结合，提出将企业视为一个“资金运作中心”，并重新界定了“资金”的概念。既是对财务报表目标的进一步充实与拓深，也充实了财务报表列报的理论基础。

(2) 本书基于资金运动的规律提出了企业经济活动改进后的分类法（经营/投资/筹资活动分类法与经常性/非常活动分类法相结合），并用大样本数据实证检验证实改进后分类法可以提供更加准确的盈利预测信息。这不仅可以丰富报表列报方面的研究成果，而且充实了国内分类列报方面的实证研究。

(3) 本书在证实改进后信息更加有用的前提下，提出了改进后的财务报表列报的具体方案和列报样式，可以为我国财务报表列报的改革提供参考。

第1章 引　　言

1.1　研究背景和问题的提出

企业财务报表是企业财务报告的核心部分，是一个报告实体财务状况和财务执行状况的结构化表述。财务报表信息应该有助于评估报告实体未来产生现金流量的能力并因此对投资者有用，并有助于评价报告实体的管理层是否很好履行其有效利用实体资源的责任（FASB/IASB，2010）[1]。因此，财务报表应当提供对信息使用者有用的财务信息并采用能有效传递财务信息的列报方式。传递哪些财务信息，采用什么样的方式列报，正是“财务报表列报”所要解决的问题。财务报表是商业的透镜，通过财务报表，报告实体应该提供给使用者其运营战略、运营成果及现金流量方面的信息。相关信息应该有助于信息使用者对报告实体作出正确估值，从而对其决策有用。现行财务报表包括资产负债表、利润表、现金流量表、所有者权益变动表及其相关附注，因此财务报表列报的研究集中于对这四张表列报项目及列报结构的研究。财务报表的列报直接决定财务信息是否能够准确有效传递，从而直接影响利益相关者的决策，因此，财务报表列报的完善一直是准则制定机构和会计理论界不断探讨的热点问题。

国际两大政策制定机构美国财务会计准则委员会（FASB）和国际财务会计准则理事会（IASB）一直非常关注财务报表列报问

题。1997 年 9 月，国际会计准则委员会（IASC，IASB 的前身）发布了 IAS1《财务报表列报》（*Presentation of Financial Statements*）。2001 年，IASB 和 FASB 分别将财务业绩列报项目列入了各自的准则改革的议程。2004 年，双方决定加强合作，共同推行财务列报改进工作。2008 年，两者联合发布了《财务报表列报的初步意见讨论稿》，在讨论稿中归纳了长期以来使用者对财务报表列报的批评为三个方面，并提出了财务报表列报的新模式——分类列报，即将企业的经济活动进行合理分类并按照一致的分类方法在财务报表中列报[2]。在总结各国反馈意见的基础上，两者于 2010 年 7 月发布了《财务报表列报征求意见稿员工草案》，将财务报表列报的核心原则定为信息分解性（Disaggregation）与内在一致性（Cohesiveness），并提出将企业活动按照业务活动（包括经营活动和投资活动）、筹资活动、所得税、终止经营和混合业务五大方面进行列示[1]。随后，两者的合作终止，财务报表分类列报的新模式没有在准则中执行。

对财务报表列报的完善才能够提高财务信息传递的有效性，从 2014 年起，IASB 又将财务报表列报作为一个重要研究项目提上研究日程。2016 年，根据学术界和实务界的反映，IASB 决定将财务报表列报的改进作为研究的重点，尤其是财务业绩列报的改进。2017—2018 年，在项目范围内，IASB 开展了多项议题的讨论并于 2018 年 11 月形成了初步决议的总结意见（以下简称《初步意见》）[3]。2018 年 3 月，IASB 发布了修订后的《财务报告概念框架》（以下简称“概念框架”），建立了一套全面的财务报告概念。概念框架中第一次界定了列报和披露的概念和指引。将列报和披露作为单独一章在概念框架中出现，是因为报告主体通过列报和披露来传递其财务信息，只有有效地传递财务信息，才可以使信息更为相关，也可以增进对资产、负债、权益、收益和费用的忠实陈报，还可以提升财务报表信息的可理解性和可比性（IASB，2018[4]）。

2019年12月，IASB发布了《一般列报与披露》（*General Presentation and Disclosures*）的征求意见稿，向全世界范围内征求意见。在此公开意见稿中，拟对利润表按照经营活动、投资活动、筹资活动、合营及联营企业四大类别进行损益的分类列报，并增设相应的小计项目[5]。由此可以看到，国际准则制定机构对财务报表列报的改革由来已久并已经到了呼之欲出的程度，而改革的关键便是财务报表的分类列报。

国外政策制定机构对财务报表列报项目的开展和分类列报模式的提出是以学术界的理论研究为基础的。20世纪70年代开始，国外就有学者开始对财务报表列报的缺陷进行研究。20世纪90年代，很多研究围绕财务报表的目标展开，提出财务报表列报必须考虑报表使用者的信息需求，坚持“需求导向”（AICPA，1994[6]；Miller & Bahnson，2001[7]）。因此，政策制定机构研究财务报表时首先研究的便是财务报告的目标，将财务报告的目标定位为主要信息使用者的信息需求。美国是一个资本市场高度发达的国家，财务报表的主要使用者是资本市场的投资者，因此美国将财务报表的目标定位为“决策有用性”，即为投资者提供决策有用的信息。在财务报表列报中，特别强调与股权投资者相关的信息也就不足为奇，比如利润表列报时综合收益观的盛行。1995年，Ohlson（1995）[8]和Feltham & Ohlson（1995）[9]提出了剩余收益理论来更好地评估股票价值，在此理论中，强调公司经营活动对利润的驱动的主导作用，认为应该将企业活动划分为经营活动和金融活动。此后很多学者都对企业经济活动分类进行研究，研究普遍认为将企业活动区分为经营活动和金融活动并对财务报表进行重构，可以更好地估计企业的价值，提高对企业未来利润的预测力（Penman，2013[10]；Esplin et al. 2014[11]等）。在此方面理论的推动下，才有了FASB和IASB（2010）[1]及IASB（2019）[5]在财务报表列报模式中对分类列报的引入。可以看到，国外关于财务报表列报相关的理论研究支撑了政策制定机构对财务报表列报模式的不断修订和改进。

在我国，20 世纪 80 年代末，中外合资经营企业开始被要求提供财务报表，包括资产负债表、利润表和财务状况变动表。20 世纪 90 年代末，现金流量表出现并取代了财务状况变动表。1992 年，财政部发布了《企业会计准则》和 13 项行业会计制度，我国的会计准则制定之路正式开启。2006 年，在 IASB 的帮助下，财政部完善了会计准则体系并与国际财务报告准则趋同。2010 年，财政部发布正式的《中国企业会计准则与国际财务报告准则持续趋同路线图》，明确与国际财务报告准则实行持续趋同。2016 年，财政部会计司提出进一步完善企业会计准则体系建设，保持与国际财务报告准则持续全面趋同。可以看到，中国的财务报表列报模式一直是在财政部的主导下，对国际财务报表列报模式的引入，而引入后的列报模式在中国土壤中是否适用和有效方面的研究比较匮乏。因此，研究财务报表列报改革和分类列报模式在中国的适用性，为国际财务列报准则在中国的使用提供理论依据和实证证据，是完善中国财务报表列报必须面对的理论问题，也是应对新一轮国际财务报表列报模式改革过程中亟待解决的现实问题。

本书研究财务报表的分类列报，主要解决现行财务报表在列报方面存在的以下问题：

(1) 现行财务报表不能有效传递企业会计信息，不能很好地满足报表主要使用者的信息需求

IASB 的主席 Hans Hoogervorst 在 2017 年指出，财务报表应该提供给投资者对其投资决策有用的信息，这些信息应该能够有效传递企业真实状况，而现行财务报表提供了太多无关信息，所提供的信息不够相关，影响了信息的有效传递（IFRS，2017[12]）。Barth (2018)[13]指出，我们需要关注财务报告信息使用者到底需要什么样的信息来做经济决策，从而来决定提供什么样的信息。因此，研究财务报表列报问题首先要研究财务报告的使用者及其所需求的

信息。

IASB（2018）[4]中提出，财务报告的使用者是必须依赖财务报告获取大部分所需信息的投资者和债权人，其他人士（如监管者及社会公众）可能会从中获取自己想要的信息，但财务报告不主要面向此类群体。这些使用者在概念框架中被称为财务报告的主要使用者（primary users）或使用者（users），这些使用者必须全部或大部分依赖财务报告提供的信息来进行决策。提供满足使用者需求的财务报告被称为通用目的财务报告（general purpose financial reports）。通用目的财务报告（以下简称"财务报告"）提供信息的目标更加聚焦，不再扩展到企业所有的利益相关者。因此，财务报表在提供信息时主要考虑投资者和债权人的信息需求，要同时满足两者的共同需求。然而，现行财务报表列报模式推崇"全面收益观"，认为企业的收益是期末净资产比期初净资产的增长额，利润表应该反映所有增长额即"综合收益"。净资产的增长额恰恰满足的是权益投资者的需求，即将列报的核心聚焦于投资者权益的衡量，而不重视债权人权益的列报。

投资者和债权人两者共同的信息需求是什么？现行财务报表列报模式是否能够有效满足两者的共同需求？中国现行的财务报告列报模式是否能够满足投资者和债权人的信息需求？这些基本问题的解决是保证财务报表高效传递财务信息的前提和基础。

（2）报表之间项目分类方法不统一，已确认的交易或事项在不同项目中的分类难以确定，报表之间缺乏紧密的勾稽关系

财务报表各项目如何进行分类和汇总是政策制定机构和学术界讨论的核心问题。

首先，三大报表在列示时采用的分类方法不同。资产负债表中是按照流动性进行分类，利润表中是按营业活动和非营业活动进行分类，现金流量表中是按经营活动、投资活动、筹资活动进行分类（梁勇，2016[14]）。分类方法不统一，就导致难以获得相关联的财

务数据。例如，在现金流量表中可以获取“经营活动产生的现金流量”，而在利润表中的利润总额内容已远远超过经营活动界限（如投资收益、资产处置收益、其他收益、公允价值变动损益等），导致投资者无法在利润表中衡量“经营活动利润”，也无法在资产负债表中获取“经营活动资产”，这就使报表使用者在评估报告实体盈利能力和盈利质量时存在障碍，使信息难以有效传递（IASB，2010[1]）。财务报表提供的财务信息之间从业务角度无法形成逻辑一致性，使信息使用者难以全面理解各财务报表信息之间的业务联系。会计信息无法与其创造价值的活动形成对应关系，使报表使用者难以获得企业价值的动因，从而不利于对未来盈利的预测（王河流，2016[15]）。

其次，对概念的界定标准不统一，导致报表间分类混乱。例如，在利润表中有专门的投资收益来核算企业对外投资取得的收益，而在现金流量表中的投资活动既包括对外投资活动，也包括与固定资产、无形资产相关的活动。在资产负债表中却难以获得投资活动资产、负债方面的信息。再如，在现金流量表中有筹资活动产生的现金流量，在利润表中没有筹资活动费用与之相比较，在资产负债表中的负债不仅包括筹资活动负债，还包括经营活动负债。报表之间概念的不统一和分类的不统一有可能会影响信息使用者对信息的理解和运用，甚至会误导信息使用者的判断。财务报表反映的会计信息应该在概念上不仅符合常识并保持稳定性，而且能够反映中国市场发展的变化（张新民，2019[16]）。

（3）报表信息没有充分分解，某些性质不同的项目被汇总成一个数字会掩盖重要的差异性信息

如利润表中“营业利润”指标中包括很多内容，既包括代表企业经营能力的营业收入营业成本信息，也包括代表企业投资能力的投资收益信息，还包括政府补助信息即其他收益，甚至包括企业预期的或已实现的资产减值损失。可能与企业核心竞争力没有关系

的信息都被压在了营业利润里，来反映企业的盈利能力，会影响报表使用者对企业真实竞争力和真实盈利能力的误判，从而导致信息的错误传递。将与营业收入没有关联的“投资收益”“公允价值变动损益”等也列入营业利润中，很容易导致信息使用者对企业盈利能力的误判（张新民，2019[16]）。使用者难以对企业核心活动竞争力进行判断，也难以对同行业公司进行竞争力准确对比。利润表中这样“大锅饭”似的利润报告方式很难描述一家企业的价值创造源泉（王竹泉、周在霞，2018[17]），信息使用者无法对其未来盈利能力和发展潜力做准确预判。

（4）难以提供准确的资金运用效率和资金运用质量信息

由于报表间分类方法的混乱、不一致及报表某些关键项目的未分解，导致信息使用者难以获取企业准确的资金运用效率和资金运用质量信息。例如，反映企业盈利能力最常用的指标“营业利润率”，其计算公式为营业利润/营业收入，营业收入为企业经营活动产生的收入，而营业利润中不仅包括经营活动产生的利润，还包括投资收益、公允价值变动损益、其他收益和资产处置损益等。指标分子分母包含内容的不对等决定了不可能提供准确信息。再如，反映企业营运能力的指标“资产周转率”，其计算公式为营业收入/总资产。分子营业收入为企业经营活动产生的收入，而分母总资产不仅包括经营活动资产，也包括投资活动资产，分子分母反映内容不一致，提供的信息就不会准确。在衡量利润的质量时，人们往往将净利润与经营活动产生的现金流量作对比。但净利润包括内容很多，企业无论何种行为产生的利润都包括在里边，而经营活动产生的现金流量仅代表了企业经营活动获取现金的能力，将两者进行对比，显然获取不了企业盈利质量的准确数据。因此，建立在现行财务报表数据基础上的财务分析指标很多都存在问题，计算出来的数据不准确，会误导信息使用者。王竹泉（2019）[18]指出，由于传统财务列报与分析体系存在的重大缺陷，实体企业资金效率被严重低估，企业经营活动资金效率和投资活动资金效率的错误衡量严重影响了企业资金的优化配置。

（5）难以提供全面准确的财务风险信息和财务弹性信息

首先，在利润表中提供了包含在财务费用中的利息支出信息，但根据借款费用会计准则，企业用于专门借款的利息支出是可以资本化，记到在建工程或者研发支出的成本，因此财务费用中的利息支出难以代表企业完整的利息费用，投资者只根据财务费用中的利息支出来衡量企业的偿债能力和财务风险很容易造成错误的判断。其次，在资产负债表中提供了流动负债、长期负债及总负债信息，可以计算流动比率、资产负债率来判断企业总体的偿债能力。但对负债没有从经济意义上进行分类，不能提供以融资结构为导向的负债信息（张婷婷、张新民，2017[19]），影响报表使用者对企业融资策略和融资风险的判断。此外，将由于交易关系产生的经营性负债与由于借贷关系产生的金融性负债混为一谈，容易导致报表使用者对企业乃至整个行业的杠杆率误判，误导投资者对企业使用金融杠杆程度的判断（王竹泉等，2019[20]）。

IASB（2008）[2]将提供财务弹性信息作为财务报表列报的目标之一。所谓财务弹性，是指“企业调动财务资源应对未来不确定性因素，从而实现价值最大化的能力”（Byoun，2008[21]）。Denis（2012）[22]强调财务弹性衡量的是企业面对现金流和投资机会的意外变动时所具备的及时反映能力。即财务弹性不仅衡量企业偿还现有债务的能力，更重要的是还要评估企业的资源及其回报是否能应对意外的机会或风险。现行资产负债表中，资产和债务是按照流动性进行划分的，可以分析企业偿还短期债务和长期债务的能力。但没有将资源和义务按功能分解，不能反映不同功能的资源应对将来事项时的应对能力，也不能分析不同类型的资源的投资回报是否可以为未来的增长或风险提供充足的资金。在现金流量表中，仅列示了企业各种活动产生的现金流入、流出情况，不能反映企业核心活动创造现金流量的能力，不利于报表使用者进一步更好地评估企业未来的资金供应能力。因此，现行财务报表难以提供全面准确的财务弹性信息。

（6）无法提供反映企业战略层面的信息

企业的生产经营活动是在既定的企业战略下完成的，不同的战略对企业现在以及将来的业绩影响都很大（张荣琳、霍国庆，2007[23]）。如果能在财务报表中看到与企业发展战略有关的信息，将会大大提高报表使用者运用信息作出判断的效果。反映企业资源信息的资产负债表应该能反映资产的基本结构及企业的战略定位；反映企业增值信息的利润表应该能够反映企业实施其战略的效益和效率（张新民、朱爽，2007[24]）；反映资金流量信息的现金流量表应该能够反映企业在其战略活动中的资金流动情况。但是，现行财务报表无法全面准确反映这些与战略相关的信息。

在资产负债表中，以经营性资产为主的企业主要以产品的生产销售为主营业务，应该注重其经营业务核心竞争力的提升；以投资性资产为主的企业往往是以多元化战略为主导，实现企业集团的多元化发展和扩张（张新民、钱爱民，2017[25]）。但是现行资产负债表按流动性将资产简单排列，利润表则将所有利润项目不加分类混合填列，这种粗放式的列报方式难以反映企业的战略选择以及不同战略下所带来的经营效果和效率。在现金流量表中，只能大体掌握企业资金的流量，无法更进一步地掌握企业经营活动的战略部署。

以上问题都是财务报表在列报层面存在的问题。财务报告饱受诟病的问题还有很多，比如无法反映企业人力资源、知识资产、数据资产的真正价值，尤其在新型互联网公司出现后，无法反映互联网平台的价值。这些问题不仅存在于财务报表列报中，而是因为会计本身的局限性，从确认、计量方面都无法实现导致的。因此，本书不探讨此类层面的财务报表列报问题。

1.2 研究目的和研究意义

1.2.1 研究目的

本书研究企业财务报表的列报问题，以财务报表的分类列报作为研究的核心，着重研究资产负债表、利润表、现金流量表的分类列报问题。本书从财务报告的目标出发，基于“需求导向”，首先分析财务报表使用者的信息需求，结合权益理论和剩余收益理论，分析能够满足报表使用者共同需要的对其决策有用的信息是什么；在此基础上对基金理论进行改进并提出企业经济活动的改进后分类法；其次在此基础上提出对基本财务报表（资产负债表、利润表、现金流量表）进行分类列报改进的基本思路及改进后报表能够提供的信息；再次运用调查问卷及上市公司的大样本数据进行实证分析，验证改进后报表所能提供信息的有用性；最后提出财务报表分类列报改进的具体方案和相关案例分析。具体研究目的如下：

①从通用目的财务报告的目标出发，分析财务报表主要信息使用者及其信息需求，在基金理论的指导下寻找报表主要使用者的共性需求并结合现代企业的特点对基金理论进行改进；在剩余收益理论的指导下结合中国资本市场企业现状对企业经济活动的分类进行改进。在改进后的基金理论和企业经济活动改进后分类法的基础上提出对现行报表列报进行分类列报改进的基本思路，并研讨改进后报表能提供的信息。

②采用调查研究法，通过调查问卷的方式征集会计学术界、会计实务界、银行等金融机构、中介机构等的建议意见，来判断财务报表分类列报改进后信息的有用性。

③采用实证分析法，运用中国 A 股上市公司数据验证财务报

表分类列报改进后信息的盈余预测能力和价值相关性，为改进后信息的有用性提供实证证据。

④提出资产负债表、利润表及现金流量表的具体改进思路和改进样式，采用案例分析法对复星医药2016—2019年的三大基本财务报表进行改进，并利用改进后报表的信息对复星医药进行财务分析，在财务分析的过程中分析改进后报表所能提供信息与现行报表信息相比的优势所在。

1.2.2 研究意义

（1）研究的理论意义

①丰富和完善财务报告的“目标导向”和“需求拉动”理论。Miller & Bahnson（2004）[7]强调，企业必须充分考虑会计信息使用者的需求，在提供财务报告时坚持“需求拉动”。FASB和IASB已发布的概念框架中明确提出要将财务报告的目标作为整个概念框架的基石，即坚持“目标导向”原则[26]。Barth（2018）[13]指出，我们需要关注财务报告信息使用者到底需要什么样的信息来做经济决策，从而来决定提供什么样的信息。因此，本书在“目标导向”原则的基础上，充分发挥“需求拉动”，深入研究财务报表的使用者及其信息需求，挖掘财务报表使用者的共同信息需求，并在此基础上推导财务报表应该提供的信息是什么。以此思路改进的财务报表可以提供同时满足“目标导向”和“需求拉动”原则，对会计信息使用者更加有用的信息。

②进一步发展权益理论，并以此来丰富财务报表列报的理论基础。会计学的发展离不开经济学的支撑，就像葛家澍（1998）[27]指出的，会计的基本理论必须植根于经济理论。权益理论便是研究如何将产权理论运用到会计中的理论。IASB的公开发文中，明确其发布的准则及财务列报的基础理论为实体理论（IASB，2014）[28]，而Mourik（2014）[29]提出，IASB声称的指导理论并没有在准则中得到很好的体现，其所倡导的报表列报方式与报表各要素实际确认

计量方法之间存在着很大差异。本书将权益理论与财务报表使用者的需求导向相结合，对经典权益理论中的“基金理论”进行改进，并将改进后的“基金理论”作为财务报表列报的理论支撑，由此为财务报表列报寻求更坚实的理论基础。

③深入探讨报表的“分类列报”理论，研究符合资金运动规律、符合中国资本市场实际情况并与国际会计准则趋同的列报方式。关于经济活动的分类和财务报表的分类列报改革在会计理论界已经有 20 多年的研究。众多研究表明，分类列报可以提高报表的有用性，但如何科学分类，如何在分类的基础上改进现行报表列报并没有形成统一的理论和一致的结论。研究符合中国资本市场实际情况并与国际会计准则趋同的经济活动分类方法并将其运用到财务报表的分类列报中，具有重要的理论和现实意义。

④采用大数据实证检验分类列报的有用性，丰富中国关于财务报表“分类列报”的实证研究。国外很多实证研究证明了分类列报的有用性，但在中国对财务报表“分类列报”的研究仅是分析国外分类列报理论，很少有实证证据来证实“报表分类列报”在我国现行经济环境下的适用性及有用性。研究“分类列报”是否适合中国的公司，是否能给中国的投资者提供更加有用的信息能够丰富相关研究，有助于分类列报理论在中国的进一步发展。

（2）研究的实际意义

①2019 年 12 月，IASB 发布了《一般列报与披露》（*General Presentation and Disclosures*）的征求意见稿，在全世界范围内征求意见。在此公开意见稿中，拟对利润表按照经营活动、投资活动、筹资活动、合营及联营企业四大类别进行损益的分类列报，并增设相应的小计项目。中国在会计准则采取的是与国际准则趋同的方式，针对 IASB 此次利润表的分类列报，中国应该如何应对？我国财务报表列报模式是否能够满足报表使用者的需求？会计理论界和国际会计政策制定机构分析的财务报表列报的缺陷在我国是否需要

改进？相关的研究可以为准则制定机构提供建议意见。

②改进后的财务报表可以更好地满足报告主要信息使用者的信息需求，提供其需要的会计信息，有助于会计信息使用者作出正确的决策。在我国大力发展资本市场，规范市场秩序的大环境下，更要规范会计信息质量，提高其有用性。随着金融经济的飞速发展，企业业务活动日益复杂，报表使用者的要求不断提高，财务报表提供的信息不仅要显示企业经济活动的“结果”，还应该列示经济活动的“过程”。财务报表列报模式的统一和完善可以将庞杂的信息归集到报表项目中，使报告使用者充分了解企业财务状况、经营成果及现金流量的具体变动情况，从而把握企业经济活动的规律和企业的核心竞争能力。

③针对财务报表列报的调查问卷覆盖了大量的企业、会计中介机构、银行等金融机构、政府机关、高校等的会计专业人员和研究人员。相关调查结果能够反映广大会计实务人员和研究人员的意见建议。相关的调查结果能够为财务报告列报准则的进一步修订提供依据。

④在会计实务界的财务分析领域，已经存在被企业管理者和财务分析师普遍使用的管理用财务报表。管理用财务报表将企业的经济活动分为经营活动和金融活动两大类，源于剩余收益理论。对企业经济活动的分类有利于对财务报表的正确分析和对公司价值的合理评估。本书完善了对企业经济活动的分类，并充分考虑实务界的财务报表分析人员对财务报表列报方式的要求，充分体现了理论与实务结合的会计研究思想。

1.3 研究思路、方法与本书的创新之处

1.3.1 研究思路与本书结构

本书定位于财务报告的目标，基于“需求导向”，分析财务报

表的信息使用者及其信息需求，并探究信息使用者的共性需求；对权益理论中的基金理论进行改进，并对以剩余收益理论为基础的经济活动的分类方法进行改进，在此基础上提出对现行财务报表进行分类列报改进的思路及改进后报表能够提供的信息；然后采用调查问卷分析、大样本数据实证检验的方法论证分类列报改进后信息比现行报表信息更有用；最后提出改进报表的具体方案。本书的研究结构和逻辑关系如图 1 - 1 所示。

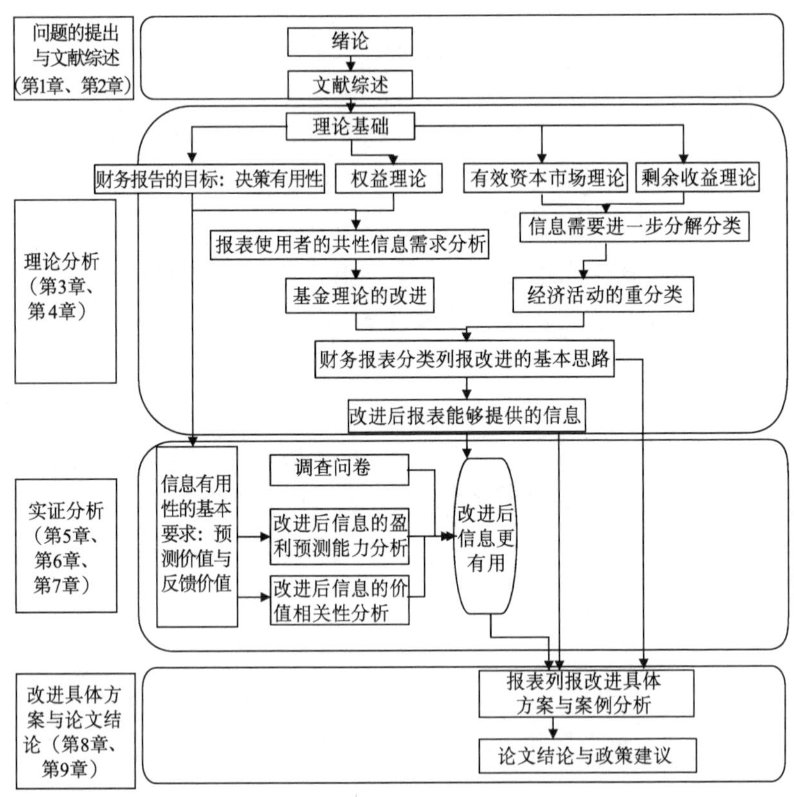

图 1 - 1　本书研究思路框架图

本书从结构上看，可以分为四大部分：

第一部分为问题的提出和文献综述，包括第1章和第2章。在第1章详细介绍了本书的研究背景、研究目的和研究意义。第2章对国内外研究现状进行阐述与评论。

第二部分为理论分析部分，包括第3章和第4章。在第3章详细介绍了本书的依托理论，包括：财务报表列报的目标、权益理论、有效资本市场理论及剩余收益理论。第4章利用这些理论来进行逻辑推导。从财务报表使用者的共性需求出发，结合基金理论，提出将企业视为一个“资金运作中心”，并重新界定了“资金”的概念。在此基础上，结合企业经济活动的改进后分类法，将企业的资金分为经营活动资金运用和投资活动资金运用两大类，从而反映企业的资金运用战略；分别反映不同经济活动创造的利润，即企业的战略实施效果；反映企业经营活动创造的经常性盈余，即企业的核心竞争力。通过掌握这些信息，投资者就可以掌握其资金在企业中的使用情况信息，从而为其预测未来现金流数额、时间和不确定性提供有力依据。在此基础上，提出了财务报表分类列报改进的基本思路以及改进后报表能够提供的详细信息，包括：资金来源与资金运用存量信息、资金效率信息、资金流量及增量信息及财务风险信息。其中，资金效率信息是帮助信息使用者决策最重要的信息，被定义为“改进后核心信息”。

第三部分为实证检验部分，包括第5章至第7章。第5章采用调查问卷来调查会计理论界和国际会计政策制定机构分析的财务报表列报的缺陷在我国是否需要改进，以及第4章提出的财务报表分类列报改进的思路是否能被实务界认可。按照决策有用性对会计信息质量的要求，会计信息的有用性应该体现在信息的“预测价值”与“反馈价值”。要判断信息的有用性，一是要看改进后信息是否能提供比现行财务报表信息更加准确的预测未来盈利能力的信息，即信息的预测能力分析；二是要看改进后信息是否被资本市场的信息使用者认可并反映到股票价格中，即信息的价值相关性分析。第6章采用2007—2019年中国A股上市公司数据来检验报表分类列报改进后提供信息与现行财务报表信息相比对未来盈利的预测能力。实证结果证实改进后分类法提供的改进后报表核心信息可以帮助投资者更好地预测主体未来的盈利能力，从而为其投资决策提供更好的信息支持。在第7章采用2001—2019年A股上市公司数据检验改进后信息的价值相关性，实证结果显示改进后报表提供的核心信息即各盈余指标均具有显著的价值相关性，但不同盈余指标的价值相关性程度显著不同。投资者非常关注经营活动经常性损益率，对相关信息的准确提供很有必要。结论进一步证实了改进后信息的有用性。

第四部分为财务报表列报的具体改进方案和论文结论，是本书的第8章和第9章。在证实了分类列报改进后信息的有用性后，第8章提出了详细的改进方案，给出了改进后资产负债表、利润表、现金流量表的列报样式，并采用复星医药作为案例，对复星医药2016—2019年的财务报表进行重构，并分析了重构后的报表能够提供的财务信息，从而证实了改进后报表的可行性。第9章归纳了本书的结论，提出了相应政策建议，以及本书的不足之处和研究展望。

1.3.2 研究方法

①文献研究法。本书采用文献研究的方法，对国外国内关于财务报告目标研究、财务报表存在缺陷及改进思路研究、综合收益列报研究及列报披露理论研究诸方面在对中英文相关文献进行广泛搜集和研读的基础上，对相关文献进行整理分析。

②规范研究法。通过对财务报告目标理论、权益理论、剩余收益理论等进行深入挖掘，采用理论分析、逻辑推演等方法，对现行财务报表列报存在的缺陷进行分析，然后根据相关理论提出改进财

务报表列报模式的思路。

③调查问卷分析。为了调查规范研究中得出结论的实际可操作性，采用调查问卷的方式调查会计实务界、理论界对文章提出的改进后信息的意见和建议。

④大样本实证检验。为了证实改进后报表核心信息的有用性，从信息的盈利预测性和价值相关性两个方面进行实证分析。实证分析中采用描述性统计分析、相关性分析、样本外预测、多元回归分析（包括 GMM 估计、固定效应模型等）、稳健性检验等具体的计量经济学检验方法。

⑤案例研究法。为了证实改进后报表具体方案的可操作性，本书采用复星医药作为研究案例，对复星医药 2016—2019 年的财务报表进行重构并对其重构报表进行分析。

1.3.3 本书的创新之处

①将财务报表使用者的信息需求与基金理论相结合，重新界定了“资金”的概念，提出将企业视为一个“资金运作中心”，将股权投资者视为该“资金运作中心”的发起人，并与债权投资者共同作为资金的持有人，企业的管理层则可以视为资金的管理人。此时，企业的财务报表主要提供满足资金持有人的信息需求，主要包括企业资金的存量信息及结构、来源信息，运用效率及运用过程、运用风险方面的信息。这正与 FASB 和 IASB（2018）提出的财务报告的目标基本一致，即报告主体要提供“关于主体所拥有资源方面的信息、对主体要求权方面的信息、以及报告主体运用资源效率、效果方面的信息[4]”。运用基金理论作为报表列报的指导理论，既可以满足 FASB 和 IASB（2018）提出的财务报表列报的目标，又符合现代股份制企业的要求，同时也满足股权投资人和债权投资人共同的信息需求。这既是对财务报表目标理论进一步的充实与拓深，也充实了财务报表列报的理论基础。

②已有研究发现，对盈余进行分类列报可以大大提高对将来盈余的预测能力（Fairfield & Yohn，2001）[30]，但如何进行分类尚未形成统一结论。本书分析了经营性/金融性活动分类法的缺陷，并基于资金运动的规律提出了经济活动改进后的分类法（经营/投资/筹资活动分类法与经常性/非常活动分类法相结合），并用大样本数据实证检验证实改进后分类法可以提供更加准确的盈利预测信息。这是对企业经济活动分类法的进一步充实和拓展，丰富了国内关于分类列报的实证研究成果，也可以为我国财务报表分类列报的改革提供理论和实证依据。

③本书在证实财务报表分类列报改进后信息更加有用的前提下，提出了改进后的财务报表列报的具体方案和列报样式，可以为我国财务报表列报准则的修订提供参考。具有创新性的是：资产负债表按照"净经营性资产 + 净投资性资产 = 金融性负债 + 所有者权益"公式进行列示；利润表中分别经营活动经常性损益、经营活动非常损益和投资活动损益列示；现金流量表附表中以经营活动净利润为编制起点，并将经营活动现金流量进一步分类，分别反映企业创造现金的能力、企业管理现金的能力和企业在固定资产、无形资产等长期资产的现金投入情况。需要说明的是，改进后的财务报表在编制时，只需要按照既定分类方法对各账户及其明细账户进行归类即可，不需要对会计的基本假设、会计主体、会计要素、会计账户等基本理论进行任何调整。因此，财务报表的分类列报模式可操作性较高，不会造成整个会计实务界学习成本和操作成本的上升。

第 2 章 文献综述

2.1　国外研究现状

2.1.1　关于财务报表列报的目标

会计理论界对财务报告目标（Objectives of Financial Reporting）的定位主要有两种观点：一是“受托责任观（即反映受托付后承担责任的履行情况）”；二是“决策有用观（即反映对信息使用者决策有用的信息）”，在西方会计界，“决策有用观”居主导地位。现就国外会计组织机构及学者对财务报告目标的不同观点进行梳理。

美国会计学会（AAA）发布的《基本会计理论说明书》（1966 年）及美国注册会计师协会（AICPA）发布的《特鲁布莱德委员会报告》（1971 年 4 月），都将“决策有用观”列为财务报告的基本目标。

美国财务会计准则委员会（FASB）发布的《财务会计概念公告》（SAFC）第 1 号“企业编制财务报告目标”（1978 年 11 月）中，提出编制财务报告的目的就是提供企业决策和经济决策有用的信息（即决策有用观），即编制财务报告是为信息使用者提供有关估计企业预计现金净流量的金额、时间安排和不确定性的信息。此公告将决策有用性放在主导地位，也注意到了受托责任的重要性。

英国会计准则理事会（ASB）发布的《财务报告原则公告》(1999)，阐述了财务报表的目标就是提供报告主体的财务业绩和财务状况的信息，用于广泛的各类使用者评估主体管理层的受托责任和作出经济决策。在《财务报告原则公告》中，"受托责任观"和"决策有用观"同时并重。

2010年9月，FASB和IASB联合发布了《财务报告概念框架》的第1章《通用目的财务报告的目标》（FASB/IASB，2010[26]）。在这一章中，提出了财务报告的主要使用者为现有和潜在的投资者、贷款人和其他债权人。财务报告提供的是"主要使用者所需要的大部分财务信息，不提供、也不可能提供主要信息使用者所需要的全部信息"。与以往的论述不同，报告中指出其他信息使用者如企业管理者、政府监管部门等可以从财务报告中获得其所需要的信息，但他们不是财务报告的主要使用者。

Gordon et al. (2015)[31]指出，通用财务报告的目标已经被广泛认可，需要探讨IASB在后续框架体系中是否进行了一致性的研究。Sutton et al. (2015)[32]研究发现，通用财务报告的简约化有利于财务框架理论的发展，建议中财务报告列报的方法会增加使用者对财务报告内容的信心。

2015年5月，国际财务会计准则理事会（IASB）发布了《财务会计概念框架（征求意见稿)》，在报告目标方面，加大对管理层受托责任的考虑，改变了以前只考虑决策有用性目标的状况[33]。

2018年3月，IASB发布了修改后的《财务报告概念框架》，在此概念框架中延续了2010年的相关规定，并强调，财务报告的"主要使用者"和"使用者"是指必须依赖通用目的财务报告获取大部分所需信息的那些现实和潜在的投资者、贷款人和其他债权人。公司管理层能够在内部获得所需要的财务信息，不必依赖财务报告，因此不是报告的主要使用者。其他人士（如监管者及投资者、贷款人和其他债权人之外的社会公众）也可能认为通用目的财务报告有某些用途。但是，通用目的财务报告不主要面向此类群体[4]。

为了能够确保财务报告目标的实现，FASB 和 IASB（2008）[2]提出了三项财务报表列报的具体目标，一是能够描绘报告实体经济活动的连贯图景，即一致性目标（Cohesiveness objective）；二是对经济活动进行分类，以能够提供给报表使用者评估报告实体未来现金流量金额、时间、不确定性方面的信息，即分解性目标（Disaggregation objective）；三是有助于报表使用者评估报告实体到期承诺的履约能力和面对机会的把握能力，即流动性和财务弹性目标（Liquidity and financial flexibility objective）。

2.1.2　关于财务报表列报的缺陷

从 20 世纪 70 年代开始，对财务报表列报的研究逐步展开。1970 年，西德尼・戴维森在《现代会计手册》中详细列举了财务报告的主要缺陷。由英格兰、威尔士和苏格兰特许会计师协会（以下简称“ICAS”“ICAEW”）联合成立的行动委员会，于 1991 年发布了《未来财务报告的模式》的研究报告，报告中对财务报告的使用者、财务报告模式的缺陷及相关建议进行了阐述。1994 年 AICPA（美国注册会计师协会）经过系列调查研究，发表了 Jenkins Committee（杰金斯委员会）的报告《论改进企业报告——着眼于用户》，该报告从用户的需求出发，提出了一系列改进建议[6]。

Steven M. H. Wallman（1996）[34]对当时的财务报告提出了猛烈的抨击，首次提出了多层次的、聚焦于相关性信息的“彩色”财务报告模式，引起了会计界的诸多共鸣。

Paul B. W. Miller & Paul R. Bahnson（2001）[7]在他们的著作《高质量财务报告》中指出，企业的管理当局必须处理好资本市场上投资者和债权人之间的关系才能成功。处理好关系很重要的一点是在提供财务报表时由过去的“供给驱动”转变为“需求拉动”，即由以报表提供者为中心转为以需求者为中心。

2001 年，改进财务业绩报告项目被 IASB 与 FASB 提上日程。2004 年，双方同意共同改进财务执行情况报告。两者在 2008 年联合印发的《财务报表列报初步意见讨论稿》中总结了用户对财务报表的反馈意见。财务报表列报的主要问题集中在以下方面：

（1）信息在财务报表中没有被一致披露

①企业的交易或事项在报表中没有按照相同的方式归类或描述。例如，资产负债表项目按其流动性分类，损益表按营业利润和营业外利润分类，现金流量表按经营/投资/筹资分类。在现金流量表中要求提供经营活动产生的现金流量，而资产负债表和利润表中却没有经营活动的信息，这时报表使用者无法通过比较“经营利润”和“经营活动现金流量”来评估报告实体的盈利质量，报表之间的勾稽关系很难被理解。报表使用者无法分析报表项目之间的联系，报表之间提供内容不一致，无法进行对比。

②财务报表在编制时可以选择不同的列报方式，如现金流量表可以采用直接法或者间接法进行编制，综合收益的列报也可以选择不同的方式，这样用户无法对同行业的不同企业进行对比。

③财务报表列报时格式没有严格要求，提供了非常宽泛的格式选择范围，这会给投资者带来使用障碍。

（2）财务报表项目未充分分解归类

①项目小计没有做详细规范，会导致很多使用者得不到需要的信息；

②报表提供的信息没有区分企业的融资活动和营业活动，导致投资者无法判断企业真实的经营业绩。

③综合收益包含的信息过于笼统，性质不同的项目被汇总成一个数字，容易掩盖由于企业竞争力不同而导致的重要差异性信息[3]。

IASB的主席Hans Hoogervorst在2017年指出，财务报表应该提供给投资者对其投资决策有用的信息，这些信息应该能够有效传递企业真实状况，而现行财务报表提供了太多无关信息，所提供的信息不够相关，影响了信息的有效传递（IFRS，2017[12]）。Barth（2018）[13]则指出，财务报表应该不断改进以适应社会的变化，未来的财务报表应该着重业绩报表的改进，并尽力反映无形资产相关信息、关于风险和不确定性的更具体信息。

2.1.3 关于财务报表的分类列报

（1）会计准则制定机构关于信息分类列报的公告或讨论

决策有用性的信息观告诉我们，如果会计不能提供有用的信息，会计的有用性职能会日益衰退并为其他信息渠道所代替。因此，必须不断修订会计准则以提高会计信息的有用性。有效资本市场有关的实证研究指出，盈利持续性对分析盈利反映系数非常重要，披露净收益的组成部分对投资者而言是有用的。通过剩余收益理论我们可以得知，可持续性的收益对预测公司未来业绩至关重要，而且又是衡量公司增长能力的关键驱动因素，因此对利润表项目进行正确分类并区分其可持续性对投资者而言非常重要。世界范围内两个最大的会计准则制定机构FASB和IASB也对信息分类列报做了一系列研究或讨论。

2008年10月，FASB和IASB在《财务报表列报的初步意见讨论稿》中归纳了长期以来人们对财务报表列报的批评（FASB/IASB，2008[2]）。批评的核心便是财务报表信息的分类问题。讨论稿中提出将列报内容按照不同的经济业务性质进行分类，把报表中所有项目都划分为业务、融资、所得税、非持续经营和权益五大类，作为此次讨论稿最明显的特点，讨论稿中亦规定了分类的方法。其中，业务类是可以为企业创造价值的活动，包括经营活动和投资活动两大类。经营活动是可以为企业带来持续盈利的主要活动，投资活动则为企业利用投资资产和投资负债取得回报，如获得利息、股利等。讨论稿特别指出，如果实体无法清晰区分企业某项资产或负债应该归类于经营活动还是投资活动，就列入经营活动。融资类是企业为了保证业务活动顺利进行而筹集资金所形成的资产和负债。权益类包括所有符合 IFRSs（国际财务报告准则）和美国 GAAP 中定义的项目。非持续经营类包括在 IFRSs 和美国 GAAP 中规定的与非持续经营有关的资产和负债。所得税类包括与企业缴纳所得税有关的资产负债，包括所有当期和递延所得税资产和负债。在具体的分类操作中，引入了管理层"管理法"，即管理层可以根据资产和负债的使用方式对项目进行分类，并在附注中披露分类依据。

2010 年 7 月，经过总结各国的反馈意见，FASB 和 IASB 发布了《财务报表列报征求意见稿员工草案》[1]。草案中明确提出财务报告列报的核心原则为信息分解性（Disaggregation）与内在一致性（Cohesiveness），两个原则的共同作用可以提高财务报告的可理解性。报告主体在进行信息分解时要考虑项目的功能（Function）、性质（Nature）和计量基础（Measurement basis），并且将分解的信息在报表中列报时采取一致的方式。这样报表之间可以保持内在一致性并且信息相互补充。分解的信息可以以部分（Sections）、种类（Categories）、子类（Subcategory）的方式在报表中列示。草案中对企业经济活动的具体分类给出了详细列示，将企业活动分为营业类别、融资类别、所得税、非持续经营、交叉类别。作为回应，美国会计协会财务会计准则制定委员会（AAA FASC）的委员们认为[35]，采用传统金融学中的两分类法（即经营活动/融资活动分类法）更加恰当，可以将经营活动进一步分为核心活动与非核心活动（Core versus Non - core activities）来区分主要经营活动和投资活动。

上述 FASB 和 IASB 在财务报表列报改进中所做的工作，为信息的分类与分解提供了很好的思路，但遗憾的是，随着 FASB 和 IASB 合作的终止，相关研究并没有持续下去。

2014 年开始，IASB 又开始将财务报表的列报纳入了研究议程。2015 年开始，将基本财务报表尤其是财务业绩报表列入了一个重要研究项目。2018 年，IASB 在其“基本财务报表”项目的初步意见中，提出按性质分类和按功能分类两种方法，在确定分类方法时要确定哪种分类方法可以提供关于盈利能力的关键组成部分或驱动因素的最佳信息。初步决定在财务业绩报表中列示投资活动类别（Investing Category），并将投资收益定义为：从独立于或基本独立于实体拥有的其他资源的资产获得的收益[3]。2019 年，IASB 公布了其“财务报表列报项目”的最新成果：《一般列报与披露》（*General Presentation and Disclosures*）的征求意见稿（Exposure Draft，简称 ED）。在此 ED 中，建议将企业的财务业绩分为经营活动类别、合营及联营企业类别、投资活动类别、筹资活动类别四大类列示[5]。

（2）信息分类有用性的理论研究与实证检验

已有研究一致认为分类列报可以有效提高报表列报的有用性，但如何进行分类学者们尚未达成统一意见。很多研究认可“经常性/非常活动分类法”，即将企业经济活动创造的盈余按照其可持续性分为经常性盈余和非常盈余，因为盈余的持续性对评估企业未来盈利能力非常重要（Fairfield et al.，2009[36]；Jones & Smith，2011[37]；Dong et al.，2016[38]）。Nissim & Penman（2001）[39]将企业的经济活动分为经营活动和金融活动，认为只有经营活动可以创造价值，企业盈利能力的关键驱动因素是销售毛利率、经营性资产周转率及经营性负债杠杆率。此后，Penman & Zhang（2003）[40]、Richardson et al.（2005）[41]、Soliman（2008）[42]、Penman（2013）[10]延续了此种分类方法，并验证了此分类下各指标的盈利预测性和价值相关性。Esplin et al.（2014）[11]发现将两种分类方法（经营活动\融资活动分类与经常\非经常性活动分类）结合起来，可以大大提高信息的盈利预测性。Linsmeier（2016）[43]则提出在财务业绩报告中区分经营成果和非经营成果，并在这些类别中分别列出经常性数额和非经常性数额。文中提出核心业务活动可以提供持续积极的预期回报，经营收入应该是投资者主要感兴趣的数字，因此应该将经营成果与非经营成果区分列报，并进一步区分经常性项目和非经常性项目。

报表的分类列报是与 Ohlson（1999）[44]的观点一致的，即价值相关性、可持续性和预测性对评估收益的构成部分非常重要，具有不同可持续性、预测性和价值相关性的不同收益组成部分，应该区分列报。因此，关于分类列报是否提高信息有用性的实证研究主要从验证数据信息分类的盈利可持续性（Persistence）、盈利预测性（Predictability）和价值相关性（Value Relevance）三大方面开展的。

①盈利可持续性。Lipe（1986）发现不同的收益组成部分具有不同的持续性[45]，而研究表明，持续性越好的盈利项目具有较好的持久性和较高的质量（Francis et al.，2004[46]；Penman & Zhang，2003）。与之对应的是特殊项目，一般被认为具有短暂性、零持久性的特点（Bradshaw & Sloan，2002[47]；Burgstahler et al.，2002[48]；Jones & Smith，2011[37]）。Sloan（1996）将盈利划分为应计项目和净现金流量，认为包含应计项目高的盈利比包含现金流量高的盈利持久性要差[49]，Richardson et al.（2005）[41]认为考虑此问题需要引入应计项目的可靠性，低可靠性的应计项目导致了盈利的低持续性，从而引起投资者对证券市场价格的误判。Dechow & Ge（2006）则发现净现金流量高不一定代表高的盈利持久性，需要具体问题具体分析[50]。Nissim & Penman（2001）[39]将净资产收益率分为销售利润率和资产周转率两部分，高的销售利润率由于竞争的存在其持久性要差一些，因此资产周转率有更好的盈利持续

性。后续研究进一步证实了资产周转率的高持续性并对未来的净资产收益率的变化具有较高的预测性（Fairfield & Yohn，2001[30]；Penman & Zhang，2003[40]）。Hui et al.（2016）[51]将公司收益分为行业范围内收益和公司特定收益，通过实证检验发现行业范围内收益具有更高的持久性，尤其是行业范围内现金流。Wu et al.（2019）[52]验证了资本市场对盈利持续性的定价，发现资本市场对盈利的可持续性存在错误定价的现象，而且这种错误定价的主要原因是盈利不同组成部分的披露质量。

②盈利预测性。盈利预测性是指现在或过去的盈利及其组成部分可以预测企业未来的盈利表现（Jones & Smith，2011[37]）。实证研究表明，对盈利的分解提高了对未来收益的预测性（Barth et al. 2001）[53]，不同收益组成部分具有不同的预测价值（Sloan，1996[49]；Dechow & Ge，2006[50]）。Ohlson（1999）[44]将利润分为核心利润和暂时性利润两部分，实证检验发现暂时性利润对未来的暂时性利润及利润总额都没有预测性。Fairfield et al.（2009）则发现特殊项目的预测作用对低盈利公司和高盈利公司有所不同，负的特殊项目对高盈利公司的未来收益具有预测作用[36]。Jones & Smith（2011）[37]测试了其他综合收益和特殊项目的价值相关性、盈利的持续性和预测性，研究发现其他综合收益和特殊项目都是价值相关的，但持续性较差。特殊项目具有较强的预测性而其他综合收益预测性较差。Jackson et al.（2018）[54]则将企业的盈利能力分为市场、行业、自身三大部分，分别测算三部分的盈利预测性，研究发现这种分解改善了盈利的预测性。

继 Feltham & Ohlson（1995）[9]将企业活动划分为经营活动和金融活动后，Nissim & Penman（2001）[39]将净资产收益率区分为金融杠杆和净经营性资产利润率，并认为净经营性资产利润率代表了公司的经营性获利能力，具有较强的预测性[55]。Soliman（2008）[42]研究发现，经营性资产周转率的增长对未来获利能力的增加具有较强的预测性。Esplin et al.（2014）[11]分别验证了经营活动/金融活动分类法与经常性项目/特殊项目分类法下对未来收益的预测，发现两种分类方法的结合可以提高盈利预测性。Cutillas - Gomariz et al.（2016）[56]研究发现，盈利的各组成部分（经营活动收益、金融活动净收益、资产处置收益及其他收益）都对未来收益有较好的预测性。

③价值相关性。如果会计数据中包含对投资者而言重要和可依赖的信息，就认为此会计数据是价值相关的，按照有效资本市场假说，此信息便会反映在股票价格中。因此，价值相关性被定义为会计数据与股票股价或其变化之间的关系（Holthausen & Watts，2001[57]；Barth et al.，2001[53]）。1968 年，Ball & Brown 采用事件研究法研究会计收益是否与股票价格相关，第一次证实了证券市场价格会对会计数据的信息含量作出反应，开启了此方面研究的先河。此后，会计学者们在很多研究中证实了会计收益和股票投资收益之间的相关关系，以及会计收益的不同组成部分对证券市场价格的不同影响（Bowen，1981[58]；Lipe，1986[45]；Barth et al.，1990[59]；Ohlson & Penman，1992[60]），但最早提出“价值相关性”此说法的是 Amir et al.（1983）[61]。

1995 年，Ohlson 提出了一个模型，建立了公司市场价值与公司财务报表数据、预期收益之间的关系，即被后续研究广泛应用的 Ohlson 剩余收益模型。Feltham & Ohlson（1995）[9]将公司经济活动划分为经营活动和融资活动两大部分，进一步探讨公司市场价值与公司两大活动报表数据之间的关系。此后的很多研究都采用经营活动/金融活动分类法，研究此分类法下盈余各组成部分的价值相关性（Nissim & Penman，2001[39]；Soliman，2008[42]；Penman，2013[10]；Esplin et al.，2014[11]；Cutillas - Gomariz et al.，2016[56]）。

2.1.4 列报与披露相关理论

20 世纪末准则制定机构开始探讨列报与披露的相关理论。

1984 年，FASB 在《财务会计概念公告》（第 5 号）中规定了列报和披露的含义。财务会计准则理事会 1989 年公布的《财务报表列报框架》也采用了列报和披露的概念。英国会计准则委员会 1999 年发表的《财务报告原则公告》中第一次将“列报”作为概念框架的一个单独组成部分。此时的列报不仅包括列报，也包括披露，未将列报与披露区分开来。

2005 年，IASB 和 FASB 正式将列报和披露作为重要的概念框架研究项目。IASB 于 2013 年 7 月颁布了讨论稿《财务报告概念框架复评》，其中“列报和披露”一节详细说明了列报和披露之间的含义和区别。这是第一次详细说明列报和披露的概念特征，将列报与披露列为与确认、计量同等重要的地位来讨论。

2015 年 5 月，IASB 发布了《财务会计概念框架（征求意见稿）》。在列报和披露部分，讨论稿进一步发展了列报和披露相关概念，明确了列报和披露的目标和原则，指出列报和披露的目标是更高效率和更好效果的提供相关信息。如果分类可以提高报表的有用性和可理解性，列报中应该对项目进行合理分类。在公司业绩披露方面，在收入和费用应该在利润中披露还是其他综合收益中披露给出了概念指引。在报告主体方面，延续 2010 年公开意见稿中报告主体概念，意图规定在控制基础上有多个子公司的报告主体的报告范围[33]。2018 年，IASB 发布的《财务会计概念框架》中将列报与披露单独设为了一章，规定了列报和披露的目标原则，并对分类和汇总单独做了说明[4]。

2.1.5　研究评述

综上所述，国际政策制定部门和理论界关于财务报表列报的研究取得了很大进展，具体如下：

①财务报告的目标不断发展和完善。作为整个会计理论的基石，财务报告的目标一直指引着会计框架的发展。从发展脉络来

看，财务报告的目标定位正逐步走向成熟。IASB 在 2010 年和 2018 年发布的财务报告概念框架中提到的通用目的财务报告的目标，将财务报告的“用户”或“主要用户”定位为实体的“投资者、贷款人和其他债权人”。这种定位将目标更加集中，它改变了财务报告服务于不同用户的情况，促进了会计理论的发展（任世驰、罗绍德，2011[62]）。

②在总结与探索财务报表列报缺陷的基础上，积极探索新的列报方式，并提出了分类列报的列报模式。1995 年剩余收益理论的发展促使理论界开始研究分类列报的有用性。2008 年 FASB 和 IASB 也作出了有益的尝试，将企业经济活动划分为经营、投资、融资三大类。随着两者合作的终止，相关研究暂停了一段时间，但 2019 年 IASB 公布的最新公开讨论意见稿中又开始重新讨论经济活动的分类列报。

③“列报与披露”理论不断发展，充实了财务报告概念框架体系。一个完整的会计循环应该包括确认、计量、记录和报告，而列报和披露正是对最后一环的报告做的规范。因此，列报和披露不可缺少。只有在列报和披准则规范后，整个概念框架才会更加完整（汪祥耀、金一禾，2014[63]）。

在取得以上进步的基础上，财务报表列报的研究尚存在进一步发展的空间，具体如下：

①在财务报告目标的指导下，需要进一步研究财务报告主要使用者的具体信息需求，以及如何满足他们的信息需求。Barth（2018）[13]指出，我们需要关注财务报告信息使用者到底需要什么样的信息来做经济决策，从而来决定提供什么样的信息。坚持“需求导向”，才能够有效提供有用信息。

② 2008 年 FASB 和 IASB 归纳的财务报表列报的三大缺陷依然存在。10 多年的时间过去了，理论界与政策制定界对此三大缺陷的研究未获取较大进展。FASB 和 IASB 在 2010 年提出的财务报表

列报的原则——信息分解性与内在一致性目标仍没有实现。因此，“财务报表列报”课题尚有很大的研究空间。

③在财务报表中对经济活动的分类列报需要进一步的理论与实证研究支持。经济活动如何分类，报表间分类是否需要统一、如何统一等问题并没有形成一致的结论。现有的理论研究大多都是基于财务分析视角，基于资金运动规律以及企业经济活动本质的研究很少。此外，经济活动的分类会不会对报表的编制带来巨大的成本，会不会引起会计方法的重大调整，以及如何对现有的财务报表进行重构，都是需要解决的现实问题。

④“列报和披露”理论开始出现，尚需进一步完善与发展。“列报和披露”准则给报表编制者提出了更高的要求，随着列报模式和披露形式的进一步调整，财务报告将提供更多信息给使用者。此外，会计监管可以从会计信息的列报和披露规则那里找到依据。因此，“列报和披露”所依托理论的完善至关重要。

2.2　国内研究现状

2.2.1　我国财务报表列报准则演进

2006 年 2 月，财政部颁布了与 IFRS 实质性趋同的新企业会计准则，对利润表的内容和格式进行了调整，并引入了国际先进财务报告列报理念。2009 年 6 月，财政部发布了《企业会计准则解释第 3 号》，对利润表作出了新的调整。引入了综合收益的概念，要求企业在利润表“每股收益”项下增列“其他综合收益”项目和“综合收益总额”项目并在附注中详细披露其他综合收益各项目及其对所得税的影响。2009 年 9 月 2 日，财政部印发了《中国企业会计准则与国际财务报告准则持续全面趋同路线图（征求意见稿)》，向国内外广泛征求意见，并于2010年4月发布正式的《中国企业会计准则与国际财务报告准则持续趋同路线图》。2014年1月26日，财政部颁布修订了《企业会计准则第30号——财务报表列报》，首次在准则层面明确了其他综合收益的概念、分类及列报规范，实现了与国际财务报告列报的持续趋同。2017—2019年，财政部每年都会根据当年会计具体准则的变化情况修订当年一般财务报表的格式。在格式修订时，只是对个别项目的对应调整，并没有涉及报表列报格式框架的修订。

2.2.2 理论界关于财务报表列报研究综述

我国会计理论界关于财务报表列报方面的研究主要集中在以下几个方面：

(1) 对国际财务报表列报进展的讨论

由于会计准则的国际趋同，我国会计理论界很多研究都是围绕国际财务报告准则及国际财务报告概念框架的最新进展展开的。葛家澍教授在财务报表列报研究中作出了突出的贡献。他对财务报表列报的缺陷及改进（葛家澍、杜兴强，2004[64]）、财务报告性质、重点财务信息及财务报表体系重构研究（葛家澍、占美松，2008[65]；葛家澍、刘峰，2011[66]；刘峰、葛家澍，2012[67]）、财务报告概念框架的研究（葛家澍、陈朝琳，2011[68]）等方面都有研究，其研究思路清晰，理论深厚，对我国理论界的影响深远。

任世驰、罗绍德（2011）[62]认为FASB和IASB在2010年发布的“通用目的财务报告的目标”中的目标与信息使用者定位，是经过严密逻辑推导的过程，作出了令人信服的解释。任永平等(2014)[69]认为新概念框架中对报告目标的界定使会计目标更聚焦，更容易满足信息使用者的要求，提高了财务报告的信息质量。秦玉熙（2013）[70]对金融逻辑基础上的财务报告概念框架变革提出了新的思路，认为以消费为导向和技术创新的经济增长方式加大了经济对金融的依赖，随着金融相关率的提高，金融工具及其价值变动对财务会计的基本概念产生了巨大的冲击。夏冬林（2015）[71]分析了财务报告的目标，认为决策有用性的财务报告模式对保护投资者的作用取决于特定的经济体制、商业惯例和相关市场成长发育特征。黄晓韡、黄世忠（2016）[72]针对IASB2015年发布的《财务报告概念框架（征求意见稿）》，总结了此次概念框架涉及的五大热点问题的不同观点并提出了相关观点，为我国相关准则的制定提供了依据。陆建桥等（2018[73]）、陆建桥（2019[74]，2020[75]）对国际财务报告准则中关于财务报表列报的最新状况进行了详细解读，并指出了进一步的研究方向。杨有红（2020）[76]指出，利润表改为综合收益表后，现金流量表的编制仍然以净利润为起点，导致现金流量表与利润表严重脱节。

（2）关于分类列报理论方面的研究探讨

我国理论界关于分类列报相关研究开始于2008年，FASB和IASB联合发布的《财务报表列报的初步意见讨论稿》在国内理论界引起了很大震动。大部分研究都认为分类列报提高了会计信息的有用性，但改革应该走渐缓之路。张金若、宋颖（2009）[77]对IASB与FASB提出的财务报表表内信息列报重构意见进行深入分析，提出了改进意见，认为分类列报的重构不应该放弃“目标—信息质量特征—要素—确认与计量”的逻辑关系，认为我国财务报表分类列报的改革应该走渐进式道路，不能急于对我国现有财务报表分类列表进行重大变革。温青山等（2009）[78]从财务分析视角分析了报表分类列报的效果，采用案例分析的方式，发现分类列报后财务报表的信息含量会显著提升。王仲兵（2010）[79]认为财务报表应该具有特定的应用环境，为了改革的顺利开展，可以采用“双轨制”的过渡性制度安排。葛家澍（2011）[80]对讨论稿中所提到的分类列报方式进行了分析，认为新的分类列报方法提高了会计信息的有用性，更加反映了财务报告的目标，但仍然存在很多问题，最大的问题是新的列报方式会带来很大的报表编制成本。王跃堂、李侠（2012）[81]，陈彬（2012）[82]等指出了国际分类列报改革对我国财务报表列报改革的挑战，提出我国理论界要加强对分类列报的理论和实证研究。

也有学者对财务报表的分类方法提出了新的思路。王竹泉（2013）[83]指出，从资金运动规律上对经济活动进行分类才是合理的，他将企业运用资金创造价值的活动分为经营活动和投资活动，而将企业融通资金的活动单独划分为筹资活动。王河流（2016）[15]认为财务报表列报应该重点反映企业创造价值的活动，而传统财务报表列报及其会计信息勾稽关系不能反映企业企业价值创造过程，因此我国在进行财务报表列报改革中要重新确立报表列报的目标，并加强财务报表列报与资本市场的适应性研究等。张婷婷、张新民（2017）[84]认为在资产负债表中区分经营性资产与投资性资产、在负债中区分商业信用和借入负债，可以反映企业的战略意图。王竹泉、周在霞（2018）[17]从财务报告主要信息使用者需求出发，分析了现行财务报表列报与分析体系的缺陷，并提出了对三大报表的改进思路。王竹泉（2019）[18]指出，传统财务列报与分析体系存在“营业性负债与金融性负债不加区分”“营业活动与金融活动混为一谈”等重大缺陷，导致实体企业资金效率被低估，财务风险被高估，从而造成宏观、中观、微观多层次资金错配的发生。

（3）关于分类列报的实证研究

虽然中国资本市场发展较晚，但研究表明，中国上市公司的会计信息具有价值相关性（Bao & Chow，1999[85]；Chen et al.，2002[86]；陈信元等，2002[87]）。关于公司信息分类列报是否可以提高中国资本市场会计信息的价值相关性、盈利持续性和预测性方面的研究较少。Chen & Wang（2004）测算了中国资本市场中经营性收入与线下项目的价值相关性，认为虽然线下项目具有较差的持续性和预测性，但由于线下项目在净利润中所占份额比较高，经营性收入的价值相关性较差[88]。Chen et al.（2011）将利润分为经营活动利润（核心利润）与非经营活动利润（非核心利润），发现经营活动利润具有较强的盈利持续性和价值相关性，但是核心利润价值被低估，而非核心利润价值被高估了[89]。李翔（2012）对财务报表分类列报的盈余解释力和价值相关性进行实证检验，结果显示中国上市公司经营活动和融资活动的盈余解释力有显著差异，财务报表的分类列报可以提高会计盈余信息解释力并具有价值相关性[90]。王贞洁等（2019）[91]通过实证研究发现，由于对经营性负债和金融性负债的混淆而导致的指标错估，会影响银行信贷决策，从而降低信贷资源配置效率。宋晓缤、王竹泉（2019）[92]通过对2009—2018 年中国实体经济上市公司的初步测算，发现由于短期金融性负债和经营性负债的混淆，企业的短期偿债能力长期被扭曲。

2.2.3　研究评述

可以看到，我国关于财务报表列报方面的研究基本都是在评论国外的相关研究，以及讨论国外相关准则在中国的适用性和有用性。具体来说，我国的相关研究尚存在以下需要进一步完善的地方：

（1）需要进一步完善财务报表列报所依托的理论。国外对财务报表列报改进的不断开展是以理论界较为扎实的理论和实证研究为依托的，而我国在这方面的研究较为薄弱。我国的相关研究只是对国外研究的阐述，非常缺乏植根于本土、基于中国资本市场和企业的分类列报相关理论。在我国财务报表列报准则制定时，只是遵循了“国际趋同”，并没有深入研究和讨论准则在中国的适用性和有用程度。财务报表列报的目标、列报与披露、分类列报等都没有完整的理论框架。因此，想要使我国财务列报体系不断完善，就要夯实相关理论基础，使我国的财务列报准则不再是“无源之水、无本之木”。

（2）财务报表的信息使用者有哪些，其信息需求是什么，如何列报才能更好地满足这些信息使用者的需求？虽然我国学者也都认可报表列报的“需求导向”，但这方面的研究在国内很少。现行财务报表列报模式能否满足我国报表使用者的需求？是否能够有效的传递企业的会计信息？这方面的研究在国内也需要进一步加强。

（3）2008 年 IASB 和 FASB 联合发布的讨论稿引起了我国会计理论界对分类列报的思考，出现了很多相关的研究。但之后的十几年时间里，分类列报相关的研究凤毛麟角。2019 年 12 月，IASB 又一次提出在利润表中进行分类。那这种分类在我国适用吗？分类列报有必要吗？分类列报会提高信息传递的有效性从而提高会计信息的有用性吗？我国会计实务界是否已具备开展分类列报的条件？理论研究的匮乏、实证研究的空白、案例研究和调查研究的缺失使我国会计理论界很难回答这一系列的问题，从而也很难为政策制定机构提供相关依据和建议。因此，财务报表分类列报相关研究迫在眉睫。

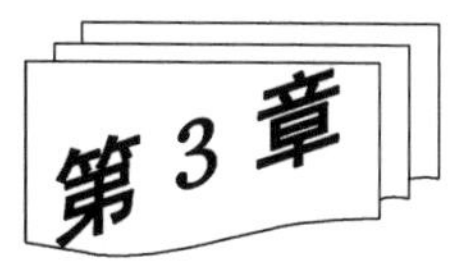

理论基础

3.1　企业财务报告的目标与财务报表列报的原则

3.1.1　企业财务报告的目标——决策有用性

20 世纪 60 年代以前，会计的定义着重强调会计人员的工作和技能，丝毫没有涉及使用者。当时广泛使用的定义形成于 1941 年，并于 1953 年正式出现在公告文件中：

“会计是一门以特殊的方式和以货币单位来记录、分类和汇总具有财务性质的交易和事项，并解释其结果的艺术。（AICPA，1953[93]）”

自 20 世纪 60 年代开始，美国会计学会（AAA）、美国注册会计师协会（AICPA）、会计原则委员会（APB）、财务会计准则委员会（FASB）等组织发布的以理论为导向的主要公告中，都开始将财务报表列报的目标问题列在非常重要的地位。“假如我们不能提供理论上正确的财务报表，至少应该让报表有用”（Scott，2012[94]），此即决策有用观的基本观点，也被称为财务报告的决策有用性。其中，比较能体现决策有用观的公告或文件如下：

（1）AAA《基本会计理论说明书》（1966 年）

1966 年，美国会计学会（AAA）发布了《基本会计理论说明书》，认为会计理论是一个以记录交易和提供满足使用者要求的财务报告为目的的系统性原则体系。公告中认为会计目标很重要，但仅对会计目标做了简单的说明，列出了四个会计目标，分别是：①有助于对有限资源的使用做决策；②记录与报告资源的受托责任；③有助于有效地管理和控制资源；④有利于履行社会职能和社会控制。其中，最重要的目标是第一个，即为决策提供有用的信息，决策有用观由此产生（AAA，1966[95]）。

（2）APB《企业财务报表的基本概念和会计原则》（APB 第 4 号公告，1970 年）

美国会计原则委员会（APB）1970 年发布的《企业财务报表的基本概念和会计原则》（APB 第 4 号公告）开始用使用者导向方法，对会计定义如下：

会计是一种服务活动，它的作用是为经济决策提供有用的信息，主要是关于经济实体、具有财务性质的数量化信息（AICPA，1970[96]）。

同《基本会计理论说明书》一样，该公告认为信息使用者具有多样性。将财务信息使用者分为两大类：有直接利益的使用者和有间接利益的使用者。同时，公告认为，财务报表是为公众目的服务的，而不是满足个别用户的特定需要。

（3）AICPA《财务报表的目标》（Trueblood 报告，1973 年）

1971 年 4 月，美国注册会计师协会（AICPA）成立了 Trueblood 委员会，以改进财务报表的目标。该委员会指出财务报表的基本目标是为经济决策提供有用的信息，再一次强调了决策有用观。财务报表的主要使用人为投资人和贷款人，要为其提供预测、比较和评估未来现金流量金额、时间和不确定性的有用信息。此报告与前边公告有所不同，其对主要使用者群体的讨论给出了一个非常重要的价值判断标准即不同使用者群体的经济决策本质是相似的，因此，不同使用者群体有共同的信息需求，财务报表披露的通用目的是恰当的。此外，Trueblood 报告还强调现金流量对使用者的重要性，以及盈利能力的计量与产生未来现金流量能力之间的关系（AICPA，1973[97]）。

（4）AAA《会计理论和公认理论报告》（1977 年）

1977 年，美国会计学会（AAA）执行委员会颁布《会计理论和公认理论报告》。该报告在考虑了很多计价系统和理论的基础上，列举了不能建立一套标准使会计职业界毫无保留的接受单一的会计计价系统的原因。由于信息使用者的信息偏好的需求不同，也由于会计信息是公共物品的性质，提供一种会计信息而放弃另一部分信息就会导致一部分信息使用者的利益，因此，《会计理论和公认理论报告》认为构建统一的会计标准前景黯淡（AAA，1977[98]）。

（5）FASB《财务会计概念公告第 1 号：企业财务报告的目标》（1978 年）

成立于 1973 年的财务会计准则委员会（FASB）致力于财务会计概念框架的建设。1978 年，发布了财务会计概念公告的第 1 号：企业财务报告的目标。在公告中提出企业财务报告的总目标是为生产经营和经济决策提供有用的信息。它吸收了 Trueblood 报告大部分的观点，承袭了使用者导向和决策有用观的观点。认为财务报表要服务于通用目的，而不是特殊群体的特殊需求。该报告也提出注意受托责任的重要性，并提出了一些重要的价值判断，如会计报告不是企业信息的唯一来源，应计制会计的重要性等。公告强调，财务报告提供的信息应该有助于使用者，但作出判断和预测的主体应该是使用者自己（FASB，1978[99]）。

（6）FASB、IASB 联合发布的《财务报告概念框架》的第 1 章《通用目的财务报告的目标》（2010 年）

1973 年，由三个会计职业组织美国注册会计师协会（AICPA）、加拿大特许会计师协会（CICA）及英格兰和威尔士特许会计师协会（ICAEW）联合推动成立了国际会计准则委员会（IASC）。该组织包括九个国家的注册会员：澳大利亚、加拿大、法国、德国、日本、墨西哥、荷兰、英国和美国。2001 年该组织重组后改名为国际会计准则理事会（IASB），与美国财务会计准则委员会（FASB）并列为世界两大会计准则制定机构。2004 年，双方决定加强合作，共同推行财务列报改进工作，决定分三个阶段完成这项工作。第一阶段，明确完整的财务报告系统所需报表以及披露期间；第二阶段，明确财务报表列报与披露中的细节问题，包括主要财务报表中信息的分类和汇总、总计数和小计数等，并重新思考现金流量表编制中直接法和间接法的应用。第三阶段，分析美国公认会计原则（GAAP）中中期财务信息的列报和披露。双方在后续几年合作中，取得了一系列的成果。

2010 年，FASB、IASB 联合发布了《财务报告概念框架》的第 1 章《通用目的财务报告的目标》。概念框架继续坚持“目标导向”，将第 1 章《通用目的财务报告的目标》列为整个概念框架体系的基石，决定着其他部分的内容。在这一章中，提出了财务报告的主要使用者，即现有和潜在的投资者、贷款人和其他债权人。而且财务报告提供的是“主要使用者所需要的大部分财务信息，不提供、也不可能提供主要信息使用者所需要的全部信息”。与以往的论述不同，报告中指出其他信息使用者如企业管理者、政府监管部门等可以从财务报告中获得其所需要的信息，但他们不是财务报告的主要使用者。将财务报告的主要信息使用者定位于报告主体的投资人（包括权益投资者和信贷投资者）。从功能角度看，财务报告是提供“关于主体拥有的资源的信息，对主体的要求权，以及关于主体管理和董事会在使用主体资源方面的效率和效果的信息”。同时，财务报告不是用来显示报告主体的价值，而是用来提供信息，帮助主要信息使用者评估报告主体的价值（FASB/IASB，2010[26]）。《通用财务报告》的目标和信息用户导向改变了财务会计在服务不同信息用户、提供不同类型会计信息方面是“万能的”，但实际上是“无能为力”，然后“不知所措”的情况，对会计的根本目标与基本职能进行了新的界定，是具有进步意义的，对为什么提供信息、提供何种信息以及如何提供信息，作出了令人信服的解释（任世驰、罗绍德，2011[62]）。

（7）IASB修订后的《财务报告概念框架》第1章《通用目的财务报告的目标》（2018年）

国际会计准则理事会于2018年发布了经修订的《财务报告概念框架》，在其第1章“通用目的财务报告的目标”中重申，通用目的财务报告的目标是概念框架的基础，概念框架的其他组成部分源自该目标。财务报告的“主要用户”和“用户”指的是那些现实的和潜在的投资者、放款人和其他债权人，他们必须依靠通用财务报告来满足所需的大部分信息。通用财务报告的目标是提供报告主体的财务信息，这应有助于现实和潜在的投资者、贷款人和其他债权人就是否向该主体提供资源作出决定。投资者、贷款人和其他债权人的决定取决于他们的预期收益，而预期收益取决于他们对该主体未来净现金流入金额，时间和不确定性前景的评估，以及管理层对该主体经济资源受托责任履行情况的评估。通用目的财务报告不是为了显示报告主体的价值而设计的，但提供的信息有助于现实和潜在的投资者、贷款人和其他债权人估计报告主体的价值。其他利益相关者（如监管机构和投资者、贷款人和其他债权人以外的公众）也可能认为通用财务报告具有一定的用途。然而，通用目的财务报告并不主要针对这些群体（IASB，2018[4]）。

通过以上对各项重要公告和文件的解读可以看到，财务报告的目标被列为财务会计概念框架的基础，并决定着其他部分的内容。自20世纪60年代以来，“受托责任”虽然也被关注，但一直处于比较次要的位置，而“决策有用”一直被列为财务报告的主要目标，即财务报告的目标是为信息使用者提供对其决策有用的信息，而财务报告的信息使用者应该是投资者、贷款人和其他债权人。

3.1.2 决策有用性对会计信息的基本要求

在决策有用观下，将会计信息的相关性作为会计信息质量的首要要求。所谓相关性，即提供的会计信息必须与报表使用者的决策相关，要提供帮助报表使用者有助于“评估报告主体未来现金流量金额、时间和不确定性前景”的信息。报告主体未来的现金流量信息非常重要，但未来的信息需要进行预测，而预测则要求高质量的经营上和财务上的信息（Wolk et al.，2010[100]）。因此，IASB 在 2010 年和 2018 年公布的财务报告概念框架中，都将“相关性”定义为会计信息具有“预测价值（predictive value）”或“反馈价值（confirmatory value）”。预测价值是指财务信息可以帮助信息使用者预测企业未来的盈利能力或现金流量，从而预测未来的收益；反馈价值是指会计信息会被信息使用者吸收和使用，并能够通过资本市场等途径反映出来，即信息使用者会利用这些信息作出决策判断[4]。

企业盈余信息对预测和评估报告实体的未来现金流量潜力非常重要。由于企业当期的现金流量有可能是非经营活动带来的（如投资者投入的），因此企业当期的盈余信息会比现金流量本身更好地预测企业未来产生现金的能力。因此盈余信息的准确有效传递是财务报表非常重要的使命。实证研究在评价盈余信息的有用性时，通常会重点评价盈余信息的“预测价值”，即预测企业未来盈利能力或现金流量的能力。

财务报表传递的信息是否会被报表使用者使用并产生相应的后果呢？此即会计信息的反馈价值。随着资本市场的不断发展，股票市场的投资者成为财务报表最重要的使用者，而股价及其变化则成为反映投资者是否吸收财务信息的重要反映，因此很多实证研究围绕“价值相关性”来判断财务信息的“反馈价值”。按照 Holthausen & Watts（2001）[57]的观点，价值相关性是会计数据与股价或其变化之间的关系。

3.1.3 企业财务报表列报的原则

2008 年 10 月，FASB 和 IASB 联合发布的《财务报表列报初步意见征求意见稿》中，在分析财务报告的目标的基础上，提出了三个财务报表列报的具体目标，分别是一致性目标、分解性目标、流动性和财务弹性目标。为了达到这三个目标，财务报表列报需要遵循两大原则，即一致性原则和分解性原则[2]。2010 年 7 月，FASB 和 IASB 在总结各国反馈意见后联合发布的《财务报表列报的员工草案》中，明确将一致性原则和分解性原则作为财务报表列报的基本原则。遵循这两大原则所提供的财务报表信息能够提高信息的可理解性，从而有效描述企业的财务图景[1]。

分解性原则（Disaggregation principle）要求企业对信息充分分解，在分解时考虑相关项目的功能、性质及计量基础。一致性原则（Cohesiveness principle）要求企业在提供财务报表时采用相同的分类方式对报表项目进行列报。性质相同的资产或负债应该归为一类在资产负债表列示，同时使用者应该能在利润表和现金流量表清晰看到这一类资产或负债的获利情况或现金增减情况。因此，分解性原则和一致性原则需要协同工作才能提高报表信息的可理解性。即首先必须对企业的资源进行合理分类，并保证此分类在资产负债表、利润表、现金流量表之间都能使用且保持一致。员工草案中建议可以将企业的经济活动分为五大类别：营业活动、融资活动、所得税、非持续经营、交叉类别[1]。

3.2 权益理论与企业财务报告的目标

葛家澍（1998）指出："经济学是会计学的基础，会计的基本理论与方法密切依存于经济理论”[101]。作为主流经济学中发展最为迅速的产权经济学给会计理论的发展提供了新的思路和方法。瓦兹和齐默尔曼（1983）指出：会计和审计都是产权结构变化的产物，是为监督企业契约签订和执行而产生的[102]。会计的产生、发展和变更的根本目标在于：体现产权结构，反映产权关系，维护产权意志（伍中信、黄嘉怡，2018[103]）。权益理论便是以企业产权关系作为研究对象，通过对权益内涵和外延的界定，进而构建会计理论框架的理论。权益理论可以从不同利益相关者角度来分析财务报告的目标是什么、财务业绩和财务状况的哪些概念最能满足财务报告目标的需要等关键问题（Mourik，2010[104]）。会计信息是用来反映经济活动实质的，在设计财务列报内容和格式之前，首先要厘清企业权益的性质与企业经济活动的实质（王竹泉、杜媛，2012[105]）。因此，在财务报表列报发展的过程中，权益理论一直占据比较重要的地位并影响着财务报表列报的改进。

3.2.1 权益理论概述

权益理论是随着企业产权理论的发展而发展的，试图通过对权益内涵及其外延的界定，阐述不同的权益持有人与企业之间的关系，解释企业的交易或事项，从而构建企业会计的理论框架。权益理论中影响较大且与财务报表列报关系密切的有：业主权理论（又称所有权理论，Proprietary Theory）、实体理论（又称主体理论，Entity Theory）、剩余权益理论（Residual Equity Theory）、企业理论（Enterprise Theory）和基金理论（Fund Theory）。权益理论不仅影响企业资产的计价和收益的确定，还特别侧重于另外两个重要问题，一是谁是企业净收益的受益者，二是在财务报表中该如何反映权益关系。

在国外会计理论界，权益理论一直占据着非常重要的地位。美国会计学教授 Francis A Bird 在 1981 年出版的《会计理论》中详细介绍了权益理论，认为会计理论应当从权益理论开始讲述[106]。此后，Hendirksen & Vanbreda （1992）[107]，Newberry （2003）[108]，Schroeder et al. （2001）[109]，Ahjmed Riahi – Belkaoul （2000）[110]等都详细介绍了权益理论，认为权益理论是会计的基础性理论。Ahjmed Riahi – Belkaoul （2000）[110]认为权益理论是会计的基本理论，它与会计目标一起并指引着会计概念框架的形成。Mourik (2010)[104]深入分析了所有权理论和实体理论，认为不同的理论对财务报告的目标、会计交易及事项的确认记录、收入的确认及披露都有很大的影响。在 IASB 的公开发文中，明确其发布的准则及财务列报的基础理论为实体理论（IASB，2014）[28]，而 Mourik (2014)[111]提出，IASB 声称的指导理论并没有在准则中得到很好的体现，其所倡导的报表列报方式与报表各要素实际确认计量方法之间存在着很大差异。权益理论虽然占据很重要的地位，但权益理论的研究和发展集中在 20 世纪，21 世纪的学者们只是对已有的理论进行分析和解读。如何进一步发展和完善权益理论使其符合财务报告的目标，并以此来指导会计实务和财务报表列报的改进的研究并不多见。

20 世纪 90 年代开始，我国会计界开始出现与权益理论相关的研究。孙铮 （1999）[112]详细介绍了各种权益理论并给予评价，认为所有权理论与实体理论相结合的思想可以在明确权益的同时解决企业法人资产的确认、计量问题。邵贤弟 （1999）[113]认为基金理论并非政府及非营利组织所特有的，其与盈利性并不排斥，在企业中也可以适用。钱健 （2002）[114]全面探讨了权益理论的产生与发展，从企业产权关系入手，从经济学、财务学以及会计实证研究三个方面论证剩余权益理论应该是我国现代企业制度下采用的权益理论。郭道扬 （2004）[115]、伍中信等 （2006）[116]指出会计理论与产权理论有紧密的联系，二者在发展的过程中相互交叉、渗透且共同进步。伍中信、黄嘉怡 （2018）[103]认为，会计学应该以产权会计理论作为理论基础，权益理论可以指导我国会计制度的改革和不断完善。

3.2.2 权益理论与企业财务报告的目标

（1）所有权理论

所有权理论，又称业主权论，最早形成于13世纪对复式记账的解释，在18世纪初首次以学术思想的形式被提出。所有权理论认为会计的重心是计算和分析业主净值，业主居于权利的中心，资产是业主所有的，负债则是业主的义务，业主权益代表企业所有者所拥有的企业净值，可以用会计等式“资产 - 负债 = 业主权益”来表示。这种理论不太重视债权人权益的确认与计量，而是将注意力置于所有者权益上，认为所有者权益代表着业主对所拥有企业的净值（孙铮，1999）[112]，因此理论界一直认为所有权理论不适用于公司制企业。但直至今日，所有权理论对会计准则及财务报告模式的影响仍然很深。在财务报表列报方面，FASB 与 IASB 广为推崇并采用的“全面收益观”便体现了所有权理论的思想。“全面收益观”认为企业的收益即企业期末净资产比期初净资产的净增长额，而净资产即资产减负债，以这种方法来确认收益。此方法体现了会计等式“资产 - 负债 = 业主权益”，将核心聚焦于投资者的权益，而不重视债权人权益的确认和计量。此外，在对公司财务报表进行分析时特别重视股东财富有关的每股收益、每股净资产等指标，企业对外权益性投资时的会计处理所采用的权益法等也体现了所有权理论的思想。

通过以上分析我们可以看到，虽然现行财务报表列报受所有权理论影响很深，但其指导下的财务报表只满足投资人的信息需求，而忽略债权人的需求，这与通用财务报告的目标是不相符的。

（2）剩余权益理论

剩余权益理论最早由佩顿（Willian. A. Paton）在20世纪30

年代提出，后由乔治·斯托布斯（George Staubus）进行系统论述。

佩顿认为，股东权益代表剩余权益的特定关系，资产估值、收益和留存收益的变化，以及其他股权持有人的利益，最终将体现在普通股股东的剩余权益中。基于会计等式，理论为：资产特定权益=剩余权益。等式中的具体权益包括债权权益和优先股股东权益，可以通过具体方式收回，剩余权益为普通股权益。该理论认为普通股股东是会计关注的中心，会计的目的是为普通股股东作出投资决策提供更有价值的会计信息（孙铮，1999[112]）。此种理论更像是狭义的业主权论——即企业所有者只包括普通股股东的业主权论（Ahmed Riahi - Belkaoui，2000[110]）。因此，此种理论指导下的报表所能提供的会计信息只满足普通股股东的信息需求，与通用财务报告的目标也是不相符的。

（3）实体理论

实体理论，又称会计主体理论，伴随着公司制企业的出现而逐渐发展起来。与所有权理论不同，实体理论认为企业主体本身是独立存在的。企业的业主并不等同于企业本身，企业这个会计主体才应该是会计关注的中心，企业资金的提供者都应该是企业的权益持有人，用会计等式来表示是“资产=债权人权益+所有者权益”（孙铮，1999）[112]。因此，企业的净利润扣除分配给所有者分红后的留存收益是企业自身财产的增加，而不是所有者财富的增加。实体理论支持者亨得里克森认为，在企业持续经营的假定下，普通股股东的权益仅是收取公司已宣告的股利，而其提供的原始资本以及公司经营过程的留存收益都是公司自身的权益。

一般认为，实体理论比较适用于公司制的企业组织（陈今池，1993）[117]。公司作为独立的法人组织，也符合会计主体的基本假设。在IASB的公开发文中，明确其发布的准则及财务列报的基础理论为实体理论（IASB，2014[28]）。在财务报表列报中，资产负债表的右边分别列示负债和所有者权益信息，并将应付股利和应付利息单独列报，便是实体理论最好的体现。但实体理论是否与财务报告的目标相吻合呢？在实体理论下，企业主体与企业资金提供者主体分离开来，留存收益是企业主体自身财产的增加，与投资人没有关系。那在这种观念下，投资者所需信息仅是利润分配方面信息，而债权人所需信息则是实体偿债能力信息，至于实体本身盈利能力、发展能力等的信息与投资者和债权人没有直接关系。投资者和债权人之间很难形成共性信息需求，因此，实体理论与财务报告的目标也很难吻合。

（4）企业理论

现代契约理论认为，企业是“一系列合约的联结”。企业这一合约的联结，可以是文字的或明确的，也可以是口头的或隐含的，涉及包括政府、供应商、顾客等在内的一切利益相关者。1946 年，彼德·德鲁克（Peter Durcker）等在《会计概念》一书中提出企业理论。该理论把企业看成一个社会组织，是为众多利益相关者的利益而经营的。利益相关者不仅包括股东和债权人，还包括职工、顾客、政府的征税与立法机构，甚至一般公众。企业理论适用于现代大型企业，因为这些企业须考虑它们的相关活动对各种利益相关者和整个社会带来的影响。从财务报告的服务对象来看，企业不仅有向股东及债权人报告的义务，还需要提供众多信息满足其他利益相关者的需要。在这种理论下，企业的利润就应该是“增值”的概念，是企业产品或劳务售价减去耗用的从其他企业取得的产品或劳务的价值后的增值额，是为社会所创造的总价值。

企业理论是社会责任会计理论的前身，社会责任收益表由此派生。其编制基础是，一组参与者共同致力于企业的发展，并从企业得到收益；利益参与者必须通力合作从而使企业生存发展，而管理当局起着协调和执行的作用。现在上市公司被要求或鼓励提供社会责任报告，便体现了企业理论的思想。但对于财务报表列报来说，利益相关者的边界很难确定，“增值”的概念在范围和应用上都还缺乏明确的规定，财务报表列报上存在很大难度。将企业全部利益相关者都作为财务报告的信息使用者，这与通用财务报告的目标显然也是不吻合的。随着计算机信息技术的不断发展，将来的财务报告可能不再是通用财务报告，而是个性化的定制报告，以企业理论作为指导理论或许是可行的。

（5）基金理论

根据威廉·瓦特（William Vatter）在1947年的《会计基金理论》一书中所说，所有权理论和主体理论都是基于单一人格化理论基础建立起来的。现代大型股份公司是由各类人员，资源，环境，关系组成的统一体系，会计信息的应用领域和利益集团的数量是非常复杂的，任何单一的拟人化都很难平衡所有利益相关者的利益，因此他引入了基金作为会计对象的概念。根据瓦特的基金理论，基金代表了一组具有特定经济功能和相应义务和限制的资产（钱健，2002[114]）。在基金理论下，企业不再是人格化的主体，而是一定范围的经济活动，包含这些经济活动的主体由资金和对资金的要求权组成，即“资产=资产的限制”。

利用基金理论指导财务报表列报时，利润概念可以保留，但此时它在财务报告中并不是核心概念。主体最应该报告的是基金的运营情况，因此基金来源与去向报表及基金运用情况报表非常重要。基金理论在政府及非盈利组织会计体系中得到了广泛运用，美国等西方国家不仅在政府部门内部推行基金会计模式，还将其推广到了一些非营利组织中，形成了比较完整的基金会计体系（白彦锋，2007[118]）。许多学者认为基金理论不仅适用于政府及非盈利组织中，在企业中也可以实现。孙铮（1999）[112]认为，报告主体的利益相关群体都可以从基金相关报表中得到他们需要的信息。邵贤弟（1999）[113]认为基金概念与盈利性并不排斥，基金理论在企业中也可以适用。但如果将基金理论指导企业财务报表的列报，必须对其基本概念和适用范围加以改进，以符合企业财务会计的需要。

3.3 有效资本市场理论与决策有用性的信息观

上文中已经讲到，财务报告的主要目标是为信息使用者提供决策有用的信息。那在证券市场中，会计信息是否真的可以帮助投资者估计证券报酬的期望值与风险呢？即会计信息是否真的有用呢？决策有用性的信息观认为预测未来公司业绩的责任在于个人，并且专注于提供有用的信息。这一方法假设证券市场是有效的，认为市场会对所有来源的信息（包括财务报表信息）作出反应（Scott，2012[94]）。Ball & Brown（1968）首次开始这方面的研究（以下称为 BB 研究），并证实了证券市场价格对上市公司盈余公告的反映，从此之后决策有用的信息观一直占据财务会计理论研究的主导地位。

3.3.1 信息观的理论基础——有效资本市场理论

决策有用性的信息观是建立在有效资本市场理论的前提下的。在理想环境下，信息是无偿获取的前提下，理性投资者会利用所有信息并最终会反映在证券的市场价格中。在非理想环境中信息并非无偿获得的前提下，投资者需要主观预测公司未来的获利能力、现金流量及股利分配，并在当新信息出现时及时对预测加以修正。投资者必须在掌握新信息后"迅速"行动，否则就会被其他投资者抢先一步来获得新信息带来的利益。如果足够多的投资者如此行动的话，市场就是有效的。市场按有效程度分为强式有效、半强式有效和弱势有效三种，被广泛采用的有效市场的定义是半强式有效市场的定义，即：市场上任何时候的证券交易价格将充分反映为公众所知的与该证券有关的信息（Scott，2012）[94]。在这种半强式有效性下，证券市场价格反映的是公众所知的信息。如果投资者拥有内部信息，便会在投资上获得超额利润。因此有效只是一个相对的概念，并不能反映公司真实的内在价值。Beaver（1973）在其文章《FASB的目标应该是什么?》中研究了有效资本市场理论对财务报告的意义，其主要观点如下：

①公司所采取的会计政策不会影响证券的市场价格，只要会计政策没有产生现金流量差异的后果。因为只要公司披露其所选择的会计政策，投资者就能明确所导致的差异。充分披露很重要，并且要扩展到披露企业的会计政策。

②在有效市场中，投资者会尽力去搜集所有可获得的信息以提高对未来收益的预测，因此公司应该披露尽可能多的信息以减少内部信息的存在。充分披露可以增加投资者对市场的信心。

③在有效市场中，不必考虑“无知”的投资者，因为他们受有效市场“价格保护”，他们可以参考有充分财务知识的投资者的决策。

④如果会计不能提供有用的信息，会计的有用性职能会日益衰退并为其他信息渠道所代替。因此，必须不断修订会计准则以提高会计信息的有用性（Scott，2012）[94]。

3.3.2 相关的实证研究

如果有效市场理论是对现实的合理描述，那证券市场价格就会对新信息作出反应。决策有用的信息观认为市场会对所有来源的信息（包括财务报表）作出反应。1968年，BB研究开创了资本市场会计研究的先河，第一次以令人信服的科学证据提出，公司证券的市场价格会对财务报表的信息含量作出反应。BB研究按反应时间分为短窗口（1个月）和长窗口（18个月），在短窗口内观测到市场对会计信息的反应就可以认为会计信息是市场反应的原因，因为在短时间内其他影响因素相对较少。而在长窗口下进行估算时会有许多其他因素的影响，因此短窗口为决策有用性提供了更有力的支持。

BB研究之后，实证会计研究中的重要方向之一就是对盈余反映系数（ERC，衡量某一证券的超额市场报酬对报告中的盈利的非预期因素的反映程度）的研究。众多研究表明，公司的Beta系数（预期报酬的风险）、资本结构、盈余质量（盈利持续性及应计质量）、成长机会、投资者预期的相似程度等都对盈余反映系数有显著影响。其中，盈利持续性（earnings persistence）是个非常重要的概念。相关研究表明，盈余持续性越强，盈余反映系数越高。Ramakrishnan & Thomas（1991）[119]提出，净收益的不同组成部分会有不一样的持续性。预期会不断持续下去的可以称为持久性盈利，只影响本期盈利对未来年度盈利影响力很小或为零的为暂时性盈利。投资者应该区分识别不同的盈利对ERC的影响。这就要求企业会计人员应该在利润表中提供分类更明确更详尽、精确的信息。盈利持续性对ERC的重要性，意味着对净收益的正确分类列报是有用的[94]。

3.4 剩余收益理论与决策有用性的计量观

从20世纪90年代开始，人们开始对证券市场的有效性和投资者的理性提出了很多质疑。很多证据表明，市场并没有像有效市场理论预测的那样对信息作出反应。经常会出现一些异常现象，比如说股票市场会出现泡沫（股价远高于其内在价值）、公告后的股价漂移（对公布好消息的公司，其股票的非正常报酬会向上漂移一段时间）、市场对应计项目的异常反应等。种种迹象表明，有效市场假设并不完全成立，会计人员应当想办法提高财务报表的有用性，决策有用性的计量观逐渐替代信息观。Scott（2012）[94]将决策有用性的计量观定义如下：

“决策有用性的计量观是一种财务报告方式，在该方式下，在具有合理可靠性的前提下，会计人员应当将现值融入财务报表中，从而确认他们更多的帮助投资者预测公司业绩和价值。”

3.4.1　计量观的理论基础——剩余收益理论

财务报表的目标是为信息使用者提供有用信息以供其进行决策。财务报表可以提供很多指标，信息使用者应该知道哪些信息对自己的决策是有用的。在计量观下，财务报告的首要目的是帮助投资者对企业未来的盈利能力做合理预测，对企业价值做合理评估。剩余收益模型建立了财务报表分析与企业价值评估之间的关系，提供了一个与计量观一致的理论框架。

（1）剩余收益的概念

资本要求必须创造收益，剩余收益是创造的超出资本的成本的那部分收益。它蕴含的基本思想是：只有投资的收益超过资本成本，投资才能为投资者创造价值，剩余收益也被称为超常收益、经济利润或经济附加值（EVA）（Wolk et al.，2010[100]）。对只经历了1个投资期的项目来说（假设投资的时点为0时刻），则：

$剩余收益_1 = 收益_1 - (必要报酬率 \times 投资额_0)$

假设一个项目投资额为1000元，该项目一年后的预计盈利为100元，该项投资的必要报酬率为10%，则该项目的剩余收益为：

剩余收益 $= 100 - 1000 \times 10\% = 0$

如果预计该项目一年后的盈利为200元，项目的必要报酬率仍为10%，则该项目的剩余收益为：

剩余收益 $= 200 - 1000 \times 10\% = 100$（元）

（2）剩余收益模型

利用预计剩余收益来计量价值增值的模型被称作剩余收益模型（Residual earnings model）。利用剩余收益模型来计量价值的公式为：

企业的市场价值 = 账面价值 + 预期剩余收益的现值

Ohlson 剩余收益模型（Ohlson，1995[8]；Ohlson，1999[44]；Feltham & Ohlson，1995[9]）是在普通股股东的角度上来衡量企业价值，由此得出企业的价值等于股东权益账面价值与预期剩余收益的现值（也被称为商誉）组成的，即

$$V_0 = B_0 + g_t = B_0 + \sum_{t=1}^{T} \rho_E^{-t} RE_t + \frac{CV_T}{\rho_E^T} \tag{3-1}$$

其中，V_0 为企业第 0 期的股东权益价值，即站在普通股股东角度的企业价值；B_0 为第 0 期企业的股东权益账面价值，g_t 为预期剩余收益的现值，也被称为商誉。RE_t 为第 t 期的企业的剩余收益，CV_T 为第 T 期预测的企业剩余收益的持续价值，$(\rho_E - 1)$ 为股东所要求的最低报酬率。

从公式（3－1）中可以看到，如果 B_0 按照现值计价，商誉 g_t 便为 0。这是剩余收益模型的一个特例，被称为“无偏会计”，即企业所有资产和负债都按现值计价。此时，剩余收益为 0，公司的市场价值都反映在资产负债表中。“无偏会计”是计量观的一种极端情况，实务中公司不可能将所有资产负债都按照现值计价。但在资产负债表中披露的现值部分越多，公司价值中未入账的商誉就越少，投资者在估计公司价值时错估的可能性就越低。因此，剩余收益理论支持计量观，可以视为计量观的理论基础。此外，剩余收益估值模型将资产负债表数据和预计利润表数据运用到价值估计中来，证明了财务报表的有用性。

Feltham& Ohlson（1995）[9]的研究中也引入了“收益持续性”的概念，认为超额收益是按照下列公式产生的：

$$RE_t = w\,RE_{t-1} + v_{t-1} + \varepsilon_t \tag{3-2}$$

公式（3－2）中，v_{t-1} 是第 $t-1$ 年中公布的其他信息对第 t 年的非正常收益的影响。w 为持续性参数，通常情况下 $0 \leqslant w < 1$，即非正常收益对下一年度的影响都会随着时间的推移而逐渐减弱直至

消失。更一般的说，竞争因素会使某公司获得非正常收益的金额慢慢变小，其减弱速度取决于公司的经营战略。引进"收益持续性"的概念可以证明，利润表也很重要，因为利润表中的非正常收益有很大一部分是要持续到下一期间的。可持续性的收益对预测公司未来业绩至关重要，因此对利润表项目加以正确分类并估计其可持续性就对投资者而言非常重要。

3.4.2　企业价值的驱动因素分析

进一步分析剩余收益，可以分析企业价值的驱动因素。用 RE 表示股东权益的剩余收益，用公式可以表达为：

$$RE_t = CI_t - (\rho_E - 1)B_{t-1} = [ROE_t - (\rho_E - 1)]B_{t-1} \tag{3-3}$$

其中 CI_t 为第 t 期的综合收益，$ROE_t = CI_t / B_{t-1}$，表示普通股权益报酬率。CI_t 是归属于普通股股东的综合收益，等于企业的综合收益减去优先股股利之后的剩余。

综合公式（3-1）和公式（3-3），可以看到企业价值的驱动因素主要有两个，一是企业股东权益的账面价值，二是普通股权益报酬率 ROE。这两个因素被称为剩余收益动因，也被称为价值驱动动因（*value drivers*）。从公式中可以看出，要提升股东权益的价值，就要不断提升普通股权益报酬率，使其大于必要报酬率（通常为资本成本率），并在此前提下，不断增加权益的账面价值。

剩余收益估值模型给人们提供了一种思考商业经营中价值创造的新思路，即要对一家企业进行正确的价值估计，需要估计企业的获利水平和增长情况。因此，站在管理层角度，要想使企业价值不断增加，就要增加剩余收益，必须不断提高普通股权益报酬率和投资规模，即不断提高企业的获利能力和增长能力。

（1）获利能力分析

Nissim & Penman（2001）[39] 进一步总结了 ROE 的驱动因素，在不考虑少数股东权益的情况下，用公式（3-4）来表示。

$$ROE = RNOA + [FLEV \times (RNOA - NBC)]$$
$$= [Sales\ PM \times ATO] + \frac{Other\ Items}{NOA} + [FLEV \times (RNOA - NBC)] \quad (3-4)$$

其中，*RNOA* 为净经营性资产报酬率，又可以分为销售活动实现的利润率和其他项目创造的利润率。*Sales PM* 为企业的销售利润率，*ATO* 为企业的经营性资产周转率。*Sales PM* × *ATO* 可以反映企业的经营活动获利能力。*FLEV* 为金融杠杆，是企业金融性负债占股东权益的比例，*NBC* 是净借款成本率。*NOA* 为净经营性资产，*Other Items* 是企业经营过程中获得的其他收益，如投资收益、投资性资产公允价值变动等。Nissim & Penman（2001）[39]的研究中认为 *Other Items* 意义很小，将其纳入公式只是为了保证公式的完整。这个公式可以表达为如果企业拥有金融杠杆，且经营报酬率大于借款成本率，则可以提升企业的股东权益报酬率。换句话说，如果企业的净经营资产报酬率 *RNOA* 大于净借款成本率，就说明这家企业拥有有利的金融杠杆，可以利用金融杠杆为企业创造更高的报酬率。反之，如果净经营资产报酬率 *RNOA* 小于净借款成本率，则使用金融杠杆会使股东的利益受损。

由上述分析可以看到，对企业的获利能力进行分析的第一步便是区分金融活动和经营活动，识别杠杆影响；接下来再进一步分解经营活动获利能力的影响因素，再进一步分解经营利润率的影响因素以及周转率的影响因素等，从而最终得出影响企业获利能力的关键因素。

（2）增长能力分析

从价值创造的观点来看，所谓增长，便是剩余收益的增长，因为投资者对投资的增加是不会为企业创造价值的。增长分析的起点应该是分析在一家企业中，有哪些盈利组成部分是可以持续增长的。因此要分析企业的增长能力就要将盈利作进一步区分，将未来可能重现并能实现增长的盈利划为可持续盈利（或称为核心盈利），而将建立在临时性因素基础上并在未来出现可能性较小的盈利称为暂时性盈利（或称为非经常项目的损益）。可持续性盈利才是增长的基础，因此将盈利做此区分对分析企业的增长能力是非常必要的。此分析与前述“收益持续性”的分析是一致的。

这样，净经营性资产报酬率 *RNOA* 就会被进一步作如下分解：

$$RNOA = \frac{销售活动创造的核心经营利润}{净经营性资产} + \frac{其他核心经营利润}{净经营性资产} + \frac{非经常项目损益}{净经营性资产}$$

经过分解后，就可以直达核心的找到企业未来获利能力的影响因素。如果一家企业具有可持续的、较高水平的核心经营利润率，便说明它掌握了核心竞争优势。综合上述分析可以看到，要评估一家企业的价值，对企业的经济活动进行正确合理的分解分类是很有必要的。也正因为如此，FASB 与 IASB 于 2010 年发布的《财务报表列报征求意见稿员工草案》中，提出了财务报告列报的核心原则为信息分解性（Disaggregation）与内在一致性（Cohesiveness）。

第4章 企业财务报表分类列报改进的基本思路

美国著名会计学家 Miller & Bahnson 强调，企业在提供会计信息给资本市场上的投资者和债权人时必须转变理念，充分考虑财务报告使用者的需求，由过去的“供给驱动”转变为“需求拉动”。在资本市场中，更充分的信息可以减少不确定性，减少不确定性可以减少投资者和债权人的风险，而较低的风险可以使投资者和债权人满足于较低的回报率，从而给公司带来较低的资本成本和更高的股票价格（Miller & Bahnson，2002[7]）。Barth（2018）[13]指出，我们需要关注财务报告信息使用者到底需要什么样的信息来做经济决策，从而来决定提供什么样的信息。

在上一章中探讨了财务报告的目标，可以看到“需求拉动”理念已被 IASB（国际会计准则理事会）、FASB（美国财务会计准则委员会）重视。各大重要公告或讨论都强调要把财务报告的目标放在整个概念框架的核心地位。而财务报告的目标便是为报表使用者提供对其决策有用的信息。那财务报表的使用者有哪些？他们的需求又是什么？本章着重探讨这一问题，只有厘清了这一问题，改进后的财务报表才能更有效的提供会计信息，更好地满足报表使用者的需求。

4.1　企业财务报表的主要使用者

众所周知，企业财务报表的使用者有很多，而且，他们的需求也不尽相同。可能的信息使用者有股东、债权人、财务分析师和顾问、雇员、工会、顾客、供应商、政府机构、管理层、公众利益团体、准则制定机构，等等。想要满足每一类信息使用者的需求是不可能的，准则制定机构从 20 世纪 70 年代就已经认识到这个问题，认为财务报告应该是“通用目的财务报告（General purpose financial reporting)”，财务报告满足的是主要使用者的公共目的，而不是个别用户的特殊需求。

本章重点分析 IASB 在 2018 年发布的修订后的《财务报告概念框架》第 1 章“通用目的财务报告的目标”，来探讨财务报表的主要使用者。在《财务报告概念框架》中，“financial reports”为通用目的财务报告。财务报告的“主要使用者”和“使用者”是现实的和潜在的投资者、放款人和其他债权人，他们必须依靠通用目的财务报告来获取所需的大部分信息。报告的管理部门也关注主体的财务信息，但管理部门不必依赖于通用目的财务报告，因为管理部门可以在内部获得所需的财务信息。其他利益相关者（如监管机构和投资者、贷款人和其他债权人以外的公众）也可能认为通用财务报告具有一定的用途，然而，通用财务报告并不主要针对这些群体（IASB，2018[4]）。可以看到，通用目的财务报告的主要使用者是投资者和债权人，他们必须依赖财务报告获取大部分所需信息，使用财务报告的目的是制定投资决策，此即财务报告的决策有用观。此界定使会计目标更聚焦，更容易满足信息使用者的要求（任永平等，2014[69]），是经过严密推导的结果，对财务报告的目标作出了令人信服的解释（任世驰、罗绍德，2011[62]）。

要提供同时满足投资者和债权人的财务信息，就需要分析投资者和债权人的共同需求。能提供同时满足两者共同需求的财务报告才符合财务报告的目标，才是有用的通用目的财务报告。投资者和债权人都是企业的资本提供者，都属于广义上的投资者，都应该符合投资决策理论，即都关心未来现金流量的数额、时间和不确定性来做进一步的投资决策（Scott，2012[94]）。因此，作为资本提供者的投资者和债权人，具有相同的投资决策模型和相同的投资效用函数①，可以为其提供一致的财务信息供其进行投资决策。

本书中的债权人只涉及作为投资者的债权人，严格意义上来讲，这部分债权人应该被称为“金融债权人”。企业的负债可以分为两大类，金融性负债和营业性负债。金融性负债即金融债权人提供给企业的资本，属于企业资本的来源。而营业性负债是企业营业过程中产生的负债，如由于与供应商、客户的信用往来关系而产生的应付账款、预收账款，由于与雇员的协议关系而产生的应付职工薪酬，与税务部门之间往来关系产生的应交税费，等等。这些负债都是企业营业过程中产生的负债，与金融性负债有本质不同。金融性负债债权人与企业构成的是“投资关系”，而营业性负债与企业构成的是“交易关系”（王贞洁等，2019[91]）。如果将营业性负债也列为资本的来源，那企业的供应商、客户、雇员、税务部门都成了企业的投资者，显然会将投资者和资本的概念大大泛化，是不合适的（王竹泉，2015[120]）。此外，基于“投资”关系形成的金融性负债是建立在正式债务契约基础上的，其成本和预算约束的硬性程度均高于基于“交易”活动产生的营业性负债（王贞洁等，2019[91]）。因此，有必要将负债作区分，分为金融性负债和营业性

① 其投资决策模型和投资效用函数在4.2节详细阐述。

负债①。金融性负债是企业资本的来源，金融债权人便是企业的投资人之一。因此，财务报告的主要使用者应该是投资者和金融债权人，即股权投资者和债权投资者（以下统称“股权投资者和债权投资者”）。图 4－1 能更加清楚的展示股权投资者、债权投资者与企业之间的关系。

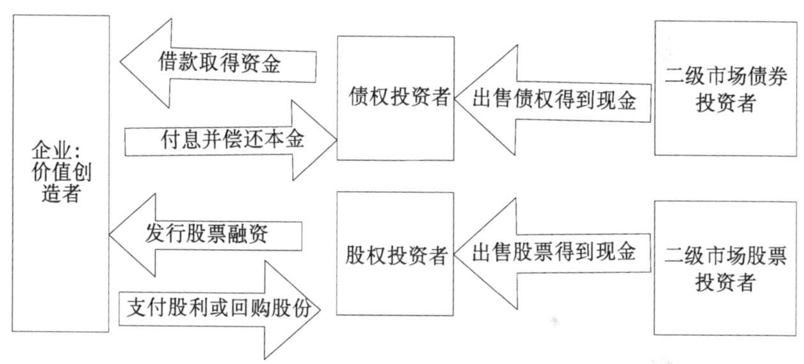

图 4－1　对企业享有要求权的投资主体和资本市场

此外，财务报告的主要使用者是必须依靠财务报告获取主要信息的相关者（IASB，2018[4]）。而供应商与企业之间由于长期的业务往来和合作，具有比银行明显的信息优势，可以更好地预测企业的业绩（陆正飞、杨德明，2011[121]），其决策所需要的信息不必依赖财务报告。因此，作为供应商的主要营业性负债债权人，并不会主要依靠企业的财务报表获取所需信息，不应该是财务报表的主要使用者。

① 在分析企业获利能力时，将营业性负债和金融性负债区分也有很大的意义。金融性负债属于企业资金的来源，不为企业创造价值，而营业性负债也可以为企业创造价值，两者在本质上有很大不同。详细参见 Nissim & Penman（2003）和 Penman（2013）。

4.2 企业财务报表主要使用者的信息需求分析

4.2.1 财务报表主要使用者的投资决策模型与效用函数

将财务报表主要使用者界定为两类投资者，即股权投资者和债权投资者，就可以分析两者的共同信息需求。投资者要进行投资决策，就要将投资的估计价值与市场价格进行比较，以此作为买入、卖出还是持有的依据（Penman，2013[10]）。股权投资者和债权投资者可以用相同的投资决策估价模型来评估他们投资的价值。基本价值评估公式见公式（4－1）：

$$V_0 = \frac{CF_1}{(1+k)^1} + \frac{CF_2}{(1+k)^2} + \frac{CF_3}{(1+k)^3} + \cdots + \frac{CF_n}{(1+k)^n} \quad (4-1)$$

公式（4－1）中，CF 为该项投资未来每期的期望现金流量，k 为必要收益率，此必要收益率的高低，取决于该项投资的风险程度。n 为这项投资涉及的投资期限。可以看到，投资决策依据于预期未来现金流量的金额、时间及该项投资的风险。

此外，还可以用效用函数分析两者的投资决策。马科维茨在1952年发表的论文《证券组合选择》中提出投资者的效用函数为公式（4－2）：

$$U_i(a) = f_i(\overline{X}_a, S_a^2) \quad (4-2)$$

其中，a 是某一投资行为，可以是债券投资、股票投资，也可以是两种投资的组合。$U_i(a)$ 是该投资行为的期望效用，期望的均值便是该行为的期望收益，用 $\overline{X}_a$ 来表示；用期望的方差来衡量该投资行为的风险，用 S_a^2 来表示。假设投资者都是理性的且是规避风险的，那么投资者的期望效用 $U_i(a)$ 会随着 $\overline{X}_a$ 的增加而增加，随着 S_a^2 的增加而减少。该效用函数告诉我们，不管个人的具体效用函数如何，投资者都需要投资期望收益和风险的信息。

因此，主要使用者所需要的信息便是为其投资决策提供依据的信息，即未来现金流量或期望收益的金额、时间及风险信息。这也正是 IASB 在其《财务报告概念框架》第 1 章“通用目的财务报告的目标”提出的“投资者、贷款人和其他债权人的决策，取决于他们的期望回报，而期望回报则取决于他们对主体未来现金净流入金额、时间和不确定性前景的评估（IASB，2018[4]）”原因。

4.2.2　财务报表主要使用者的共性信息需求分析——对权益理论的思考

（1）基金理论与报表主要使用者的共性信息需求

从前边论述可以知道，报表主要使用者即股权投资者和债权投资者需要期望回报信息（未来现金流量的数额、时间和不确定性）来进行投资决策。一项投资的价值取决于它所带来的未来收益的情况，因此，期望回报的预测便成为问题的核心。因此，财务报表所提供的信息必须是与两者正确预测期望回报相关的信息，这样的信息才是有用的信息，才符合两者共同的信息需求。

那么现行财务报表列报的信息以及相关理论是否可以反映两者共性的信息需求呢？在第 3 章中详细分析了权益理论。权益理论可以从不同利益相关者角度来分析财务报告的目标是什么、财务业绩和财务状况的哪些概念最能满足财务报告目标的需要等关键问题（Mourik，2010[111]）。哪种权益理论可以反映股权投资者和债权投资者共同的信息需求呢？

通过第 3 章中对权益理论的论述中知道，现行利润表反映报告实体的综合收益，而综合收益是所有者权益的净增长额。综合收益的列报强调股权投资者尤其普通股股东信息的列示，是所有权理论和剩余收益理论的体现。所有权理论与剩余权益理论都只考虑了股权投资者的需求，提供的信息都是股东需要的回报信息，忽略了债权投资人的利益，难以反映报表主要使用者的共性需求。企业理论将企业全部利益相关者都包括进来，与通用财务报告的目标也是相违背的。在 IASB 的公开发文中，明确其发布的准则及财务列报的基础理论为实体理论（IASB，2014[28]）。实体理论认为企业这个会计主体是会计关注的中心，企业资金的提供者都应该是企业的权益持有人，用会计等式来表示是“资产 = 债权人权益 + 所有者权益”。但是实体理论没有将企业负债进行区分，将金融性负债和营业性负债混合列报，不能独立反映金融债权人的信息需求。此外，在实体理论下企业主体与企业资金提供者主体分离开来，留存收益是企业主体自身财产的增加，与投资人没有关系。投资者所需信息仅是利润分配方面信息，而债权人所需信息则是实体偿债能力信息，至于实体本身盈利能力、发展能力等的信息与投资者和债权人没有直接关系。投资者和债权人之间很难形成共性信息需求，因此，实体理论也很难与报表主要使用者需要完全吻合。

股权投资者和债权投资者的共性需求是什么？首先需要寻找两者的共同点是什么。很明显两者都是企业资金的提供者，他们将资金提供给企业，要想预测将来资金的回报情况，只能通过现在资金在企业的运用情况信息来判断。具体来说，资金在企业中的使用状况、运用效率及风险方面的信息便可以为其将来资金回报的预测提供关键依据。股权投资者和债权投资者将资金提供给企业，共同需要的信息便是与“资金”密切相关的信息。因此可以考虑将企业视为股权投资者和债权投资者共同关注的“资金运作中心”，来详细列报“资金”在这个运作中心中的使用情况、运用效率及风险方面的信息。IASB 和 FASB 在 2010 年联合发布的《财务报告概念框架：报告主体》征求意见稿中指出，报告主体是一个特定领域，是一个“正在从事、已经从事或者即将从事经济活动”的领域（IASB/FASB，2010[1]），这与瓦特（1947）论述的会计的核算对象是“一组代表对特定来源和特定用途的一定资本或收入的经济活动领域”有很高的契合度，都将企业列为“特定的经济活动的领域”。邵贤弟（1999）[113]指出，可以将企业视为一个基金主体进行核算，因此，可以将企业这一“资金运作中心”与瓦特的基金理论结合起来，将企业视为一个基金主体，将基金理论与财务报表使用者的共性信息需求结合起来。

在基金理论指导下，将企业资金（即基金）作为企业的核心，将企业视为一个开放式的资金主体，股权投资者为开放式资金的发起人，并与债权投资者共同作为资金的持有人，企业的管理层则可以视为资金的管理人。此时，企业的财务报表主要提供满足资金持有人即股权投资者和债权人的信息需求，主要包括企业资金的运用情况、运用效率及运用过程、运用风险方面的信息。具体应该包括资金的存量信息及相关结构信息；资金是否产生了增值，其增值回报率如何即资金运用效率、效果信息；资金的流量信息即资金在企业中如何流动及净流量信息；资金在运用过程中的不确定性信息即企业的财务风险信息。获得这些信息后，投资者可以据此判断自己投入资金的保值增值情况来为自己以后的投资做决策；债权人也可以依此判断自己投入资金的风险收益情况并作出相应决策。因此，对“资金”相关信息的提供可以增强信息对资金提供者的决策有用性。

与此同时，企业经济活动都是围绕着“资金”展开的，提供与资金相关的信息便可以呈现企业经济活动的财务图景。而这正与 FASB 和 IASB（2018）提出的财务报告的目标基本一致，即报告主体要提供“关于主体所拥有资源方面的信息，对主体要求权方面的信息，以及报告主体运用资源效率、效果方面的信息[4]”。一方面运用基金理论作为报表列报的指导理论，既可以满足 FASB 和 IASB（2018）提出的财务报表列报的目标，又符合现代股份制企业的要求，同时也满足股权投资人和债权投资人共同的信息需求；另一方面，将企业看作开放式资金主体进行核算，侧重了资金的核心概念，更加体现了“资金是企业的血液，财务管理的中心是资金管理（王竹泉等，2013[83]）”的理念。

(2) 对基金理论的改进与“资金”概念的界定

基金理论中，会计的核算对象是“一组代表对特定来源和特定用途的一定资本或收入的经济活动领域”，这个活动领域便是“基金”。“基金”概念强调资金用途的特定性、目的性和来源的单一性，并不适合于现代企业。因此，采用“资金”替代“基金”，强调“资本或收入的经济活动领域”，而忽略基金用途的特定性。

基金理论中，企业不再是人格化的主体，而是一定范围的经济活动，包含这些经济活动的领域由资金和对资金的要求权组成，即“资产＝资产的限制”。将企业仅视为一个领域而不是一个主体，与现代社会对企业的要求是不相符的。现代企业不仅是独立核算的报告主体，而且是应当负担相应责任的法律主体。因此，将企业视为“包含一定范围经济活动的资金主体”。此“资金主体”由资金和对资金的要求权组成，即

资金＝资金的要求权　　　　(4－3)

将股权投资者和金融债权人投入的全部资金统称为“资金”，即投资者投入的资本。资金投入企业后形成资产，但资产并不等同于资金。例如，企业购买了存货但没有付款，由于商业信用的存在与供应商之间形成负债。此时企业的资产增加了，投资者并没有投入资金，即资金并没有变化。这一类负债并不是企业与金融债权人之间基于投资关系而产生的，而是与企业的供应商、客户、税务部门、员工等在营业活动过程中基于交易关系而产生的，可以称为营业性负债。营业性负债并不是资金的来源，其对应方也不是作为投资者的债权人①，营业性负债的变化与资金的增减没有关系，可以

① 此类负债主要包括应付账款、应付票据、应付职工薪酬、预收账款、应交税费、其他应付款等。营业性负债在本质上与金融性负债有很大不同，其作为营业活动的一部分，也可以为企业创造价值，而金融性负债代表着资金的来源，并不能为企业创造价值。详细参加 Nissim & Penman（2001）、Penman（2013）、王竹泉（2015）。

从资产中扣除。参照王竹泉（2015）[120]得到此等式：

资金 = 资产 − 营业性负债 (4-4)

（3）对会计等式的调整

企业的资金是股权投资者和金融债权人提供的，他们对企业资金有要求权，因此可以将公式（4-3）写为：

资金 = 金融性负债 + 所有者权益 (4-5)

公式（4-5）中，公式左边为资金的运用，右边为资金的来源，也是资金提供者对资金的要求权。

结合公式（4-4），可以得到：

资金 = 所有者权益 + 金融性负债 = 资产 − 营业性负债 (4-6)

即：资产 = 所有者权益 + 金融性负债 + 营业性负债 = 所有者权益 + 负债 (4-7)

因此，公式（4-5）并没有破坏传统的会计等式，只是基于通用财务报告的目标和基金理论对传统会计等式的简单变形。传统会计等式依然是会计核算的基础和财务报表列报的基础。

4.2.3 信息的进一步分解与分类

（1）信息分类的重要性

投资者将资金投入企业，需要掌握资金的运用方向，即企业运用资金的战略。如果是传统的以经营为主导的发展战略，企业投入在经营性资产上的资金会比较多，具体会表现在与经营性资产相关的资产份额比较大；如果企业以投资为主导，通过资本经营或产权投资为企业创造价值，则企业对外投资性资产的份额会比较大；如果企业最近一段时间不断扩张，其投资在固定资产等长期投资上的份额会比较大；而如果企业在整个产业链处于竞争的优势和领导地位，会利用商业信用占用供应商或客户的资金，此时企业运用在经营活动的营运资金就会比较少。因此，对资金运动方向的掌握，能够使投资者了解企业的发展战略，从而为自己决策掌握更加精准的信息。而资金运用方向的精确描述，就需要对资金进行进一步的分类，现行资产负债表中仅按流动性进行分类是不够的。

对有效资本市场的相关实证研究已经证实，盈利的持续性对盈余反映系数（ERC）非常重要，投资者应该区分识别不同的盈利对 ERC 的影响，这就要求企业会计人员应该在利润表中提供分类更明确更详尽、精确的信息。Feltham & Ohlson（1995）[9]在其剩余收益理论中，引入了“收益持续性”的概念。可持续性的收益对预测公司未来业绩至关重要，而且又是衡量公司增长能力的关键驱动因素。利润表中有很多利润项目，哪些是可给企业带来持续性盈利，哪些可以体现企业核心业务的竞争能力，哪些又能体现企业现行发展战略的实施效果，这些对投资者正确预测公司未来盈利能力都是至关重要的。可持续性的收益对预测公司未来业绩至关重要，而且又是衡量公司增长能力的关键驱动因素。因此对利润表项目加以正确分类并估计其可持续性对投资者而言非常重要。

正因为财务报表信息分类的重要性，FASB 与 IASB 于 2010 年发布的《财务报表列报征求意见稿员工草案》中，提出了财务报告列报的核心原则为分解性（Disaggregation）与一致性（Cohesiveness）。想要有效地反映企业的财务图景，就必须对企业信息进行合理分类并保持报表之间分类的一致性。因此必须对企业与资金相关的活动作进一步的分类与分解，以提供更加有用的信息。

（2）对传统“经营活动/金融活动分类法”的分析

剩余收益模型在进行财务报表分析时将企业的活动分为经营活动和金融活动两大类（以下简称“经营活动/金融活动分类法”）。这种分类的基础是只有经营活动创造价值，金融活动是不创造价值的（Nissim & Penman，2001[39]）。经营活动主要是企业利用资产生产并销售产品的活动，也包括企业对固定资产、无形资产等的对内投资，以及企业对其他企业的权益性投资活动。金融活动包括为企业筹集资金的筹资活动和企业购买债券等的对外投资活动（Penman，2013[10]）。经营活动/金融活动分类法存在以下两方面不合理之处：

①将企业活动分为经营活动和金融活动不符合企业资金运动的基本原理。

马克思在《资本论》第二卷第一章中提出了货币资本循环的公式，即：

$$G——W\cdots P\cdots W'——G' \qquad (4-8)$$

马克思认为，企业货币资本的生命在于运动，“资本只有在运动中才能实现其价值增值”[122]。G 为企业的货币资本来源，即资金来源；W 是用货币资本购买的原材料、生产设备等物资资本；P 为企业的生产过程，W'为企业实现的价值增值，最终形成 G'，即货币资本的增值。货币资本实现增值后再重新进入此循环或退出企业。企业的资金就是这样一个不断运动并不断实现增值的过程，在此过程中，不断为企业创造价值。

随着社会经济的不断发展，企业的经营已经不再局限于产品生产经营。资本为了增值，可能投资于股票、债券、基金等金融商品，也有可能参与兼并、参股、控股等产权投资。因此，可以将马克思资本循环公式改进为：

$$G——C\begin{cases}W_P\\W_I\end{cases}\cdots\cdots\begin{cases}W'_P\\W'_F\end{cases}——G' \qquad (4-9)$$

在公式（4－9）中，G 为资金来源，C 为企业组织，W_P 为进入企业生产经营的资金，W_I 为进入企业投资（包括投资于股票等金融商品和兼并、参股等产权投资）的资金。W_P、W_I 都会实现增值，即变为 W'_P 和 W'_F，最终实现资金的增值，即 G'。

可以看到，企业的资金从运动方向上可以分为资金的来源（G）与资金的运用（W_P，W_I）两大类。经营活动/金融活动分类法中金融活动中的筹资活动属于资金的来源，而经营活动和金融活动中的对外投资活动都属于对资金的运用。将对外投资活动和筹资活动划分为一类混淆了资金的性质，违反了资金运动的基本规律，不利于对资金的使用用途作详细分析。

②该分类方法忽视了企业的对外投资活动。

企业对外债权性投资被列为融资活动的减项，只是闲置资金的一种临时投资方式（Penman，2013[10]）。而对外权益性投资产生的收益在 Nissim & Penman（2001）[39]的研究中被认为意义很小，可以忽略不计。在此种分类法下，企业的对外投资活动被列为金融负债的减项，并不单独列示，对外投资活动所带来的投资收益也视为利息费用的减项（Penman，2013[10]）。由此可见，经营活动/金融活动分类法不重视企业的对外投资活动，并没有将对外投资活动产生的收益列入企业价值的驱动因素中来。那对外投资活动及其收益在企业中真的可以忽略不计吗？

在整理中国上市公司 1990—2019 年的数据后发现，平均对外投资活动收益占比（投资收益/税前利润）① 并不处于低位，如图 4－2 所示。从图中可以看到，上市公司平均投资活动收益占比大多数年份在 20%～30%。很明显在中国上市公司中，对外投资活动取得的收益已经是上市公司利润的重要来源，将对外投资活动收益忽略不计是不恰当的。对外投资活动同样可以为企业创造价值，是企业通过将资金的直接使用权转移给被投资企业，通过分享被投资企业创造的价值而间接为企业创造价值（王竹泉，2013[83]）。

（3）企业经济活动分类法的改进

鉴于经营活动/金融活动分类法存在上述缺陷，有必要对企业经济活动的分类进行改进。企业要实现其价值创造的目标，必须开展营业活动，营业活动是经营活动，投资活动同样也是企业运用资

① 投资活动收益占比此处用的是投资收益/税前利润，与第 6 章计算公式有所不同。因为在 2009 年之前会计准则中并不要求上市公司提供公允价值变动收益信息，为了保持数据的一致性，投资活动取得的收益用投资收益来代替。

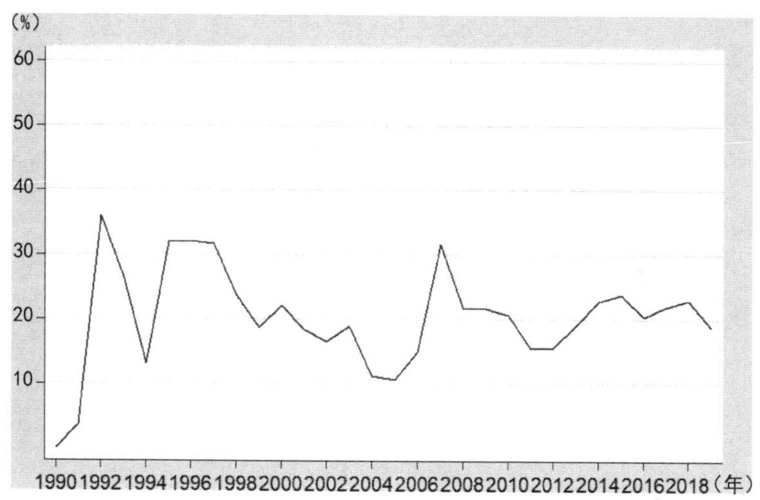

图 4 - 2　1990—2019 年中国上市公司投资收益占比趋势图

金创造价值的一种活动。经营活动是企业直接运用资金创造价值，投资活动则是企业将资金的直接使用权转移给被投资企业，通过分享被投资企业创造的价值而为企业间接创造价值（王竹泉，2013[83]）。经营活动和投资活动是可以为企业创造价值的活动，可以将其列为一大类即企业的营业活动。为企业融通资金的筹资活动属于资金来源，不能为企业创造价值，单独列为一类。因此本书借鉴王竹泉（2013[83]，2015[120]）和 IASB（2019）[5] 的做法，将企业的经济活动划分为经营活动、投资活动和筹资活动三大类（以下简称“经营/投资/筹资分类法”）。具体的分类方法如图 4 - 3 所示。

从图 4 - 3 中可以看到，经营活动/金融活动分类法中，企业的经营活动包括生产经营活动、对内固定资产无形资产投资活动及对外权益性投资活动。金融活动包括融资活动和对外债权性的投资活动（Penman，2013[10]）。在传统概念中，企业的投资活动从广义上可分为购买固定资产、无形资产等的对内投资活动和购买股票、

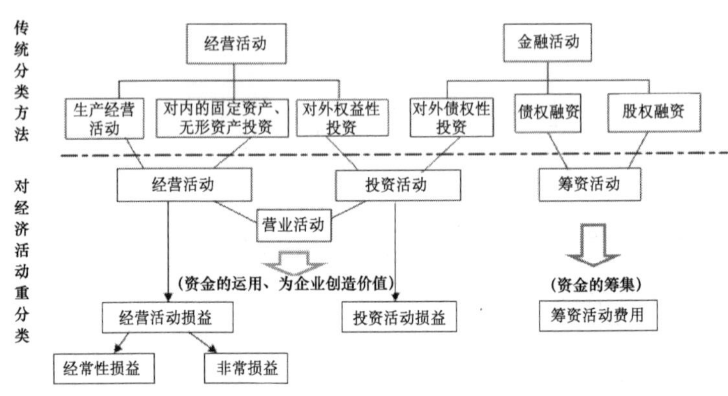

图 4-3　对企业经济活动分类的改进

债券等的对外投资活动。而对内投资活动形成的固定资产、无形资产都是为企业经营活动服务的，是经营活动过程中的资本性支出，因此应该将其列为经营活动的一部分。而购买股票、债券等的对外投资活动本质上与企业的经营活动没有直接关系，是间接运用资金为企业创造价值的活动，因此应该将其单独归类为投资活动。此界定符合资金运动的基本规律，更与 IASB 最新的定义“投资收益”是“从独立于或基本独立于实体拥有的其他资源的资产获得的收益”（IASB，2019[5]）是相一致的。

将企业的经济活动按照经营/投资/筹资分类法进行分类后，企业通过筹资活动筹集来的资金就可以分为经营活动资金运用和投资活动资金运用两大部分，从而反映企业的资金运用战略。企业经营活动带来的利润可以称为经营活动损益，投资活动带来的利润为投资活动损益，分别反映不同经济活动创造的利润，即企业的战略实施效果。此外，还可以通过现金流量表反映企业经营活动、投资活动、筹资活动产生的现金流量变动情况。

企业所有的与经营有关的活动都是经营活动，经营活动的范围依然很广。而有些活动带来的盈余持续性差，不能体现企业的核心竞争力（如接受捐赠收入、罚款收入、资产处置收入等）。从剩余收益理论中得知，企业要想实现价值的不断增加，就要实现剩余收益的不断增长。增长分析的起点应该是分析在一家企业中，有哪些盈利组成部分是可以持续增长的。因此需要将盈利做进一步区分，将未来可能重现并能实现增长的盈利划为可持续盈利（或称为核心盈利），将建立在临时性因素基础上并在未来出现可能性较小的盈利称为暂时性盈利（或称为非经常项目损益）。可持续性盈利才是增长的基础，这种盈利不会受偶然的、一次性因素的影响。此种分类方法被称为经常性/非常活动分类法。相关研究（Dechow & Ge，2006[50]；Bradshaw & Sloan 2002[47]；Fairfield et al. 2009[36]等）证实了此类分类方法的必要性。Penman（2013）[10]指出，要分析企业的增长能力就要将盈利做进一步区分，未来可能重现并能实现增长的盈利即可持续盈利（或称为核心盈利）才是企业真正的增长。可持续性盈利是增长的基础，将盈利作此区分对分析企业的增长能力是非常必要的，而盈利的可持续性对预测未来盈利能力也是非常重要的，因此有必要将经营活动损益按照盈利的可持续性进一步分为经营活动经常性损益和经营活动非常损益。经营活动经常性损益反映了企业核心业务创造价值的能力，体现了企业的核心竞争力，可以被称为企业的核心利润。因此，将经常性/非常活动分类法加进来，与经营/投资/筹资活动分类法相结合（以下简称“改进后分类法”），共同反映企业的经济活动。

图 4－4 列示了本节的分析思路。综上所述，本节从股权投资者和债权投资者的共性出发，对基金理论进行改进，提出将企业视为一个“资金运作中心”，并界定了“资金”的概念。在此基础上，结合企业经济活动的改进后分类法，将企业的资金分为经营活动资金运用和投资活动资金运用两大类，从而反映企业的资金运用战略；分别反映不同经济活动创造的利润（经营活动损益和投资活动损益），即企业的战略实施效果；反映企业经营活动创造经常

性盈余的能力，即企业的核心竞争力；反映企业不同经济活动的现金增减变动和企业经营活动创造现金的能力。通过掌握这些信息，投资者可以掌握其资金在企业中的使用情况及运用效率信息，从而为其预测未来现金流数额、时间和不确定性提供有力依据。

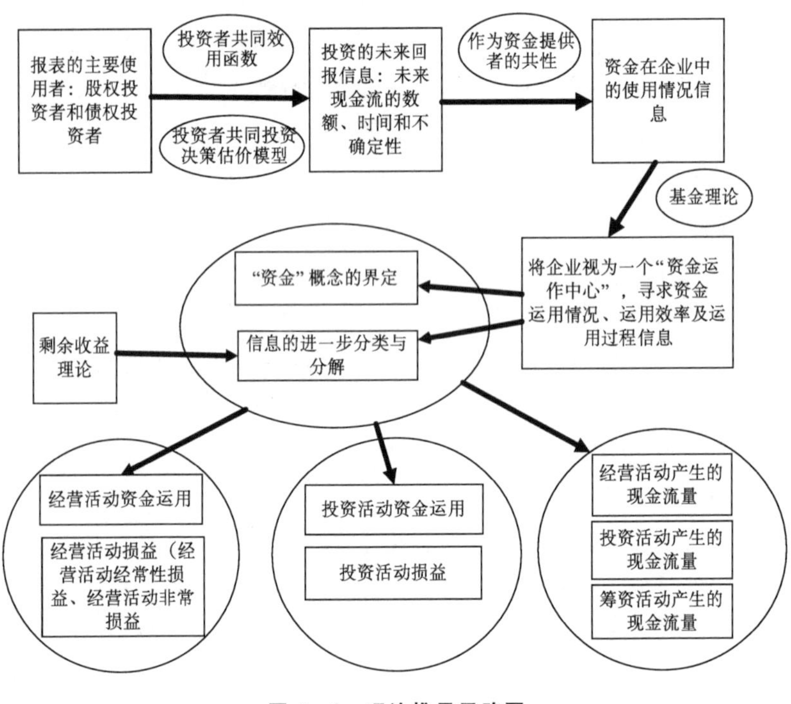

图 4－4　理论推导思路图

4.3　财务报表分类列报改进的基本思路

在改进后的基金理论的指导下，并结合企业经济活动的改进后分类法，可以对现行主要报表按照如下思路进行改进，改进后各报表的基本结构如图 4－5 所示。

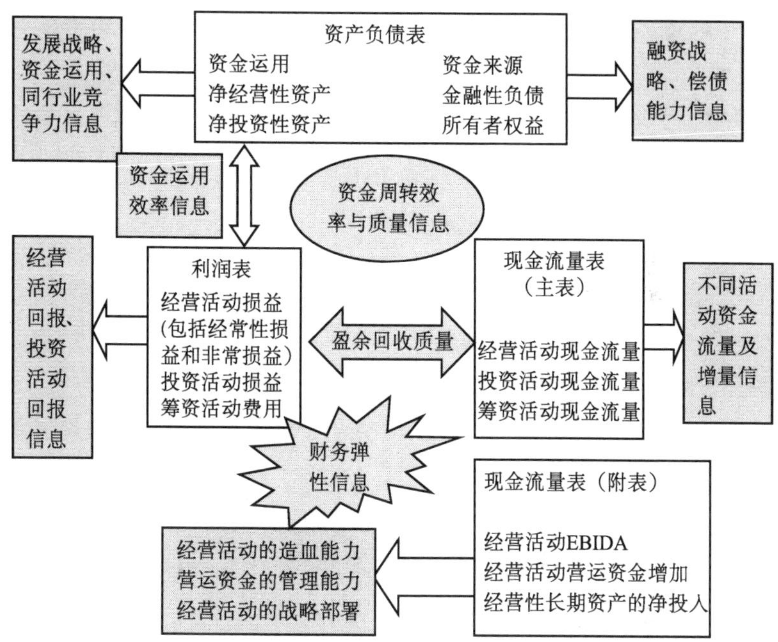

图 4-5　改进后财务报表基本结构和能够提供的基本信息

4.3.1　资产负债表改进的基本思路

参照公式（4-5），“资金 = 金融性负债 + 所有者权益”，企业的财务报表应该能够提供与股权投者和债权投资者密切相关的资金存量信息。该部分信息主要包括两个方面，一是资金来源信息，即股权投资者和债权投资者分别的投资数额及总金额，也就是企业的融资结构。二是资金运用信息，即资金在公司中运用到了哪里，其结构如何。将企业经济活动的改进后分类法引入进来，公式（4-5）变为：

经营活动资金运用 + 投资活动资金运用 = 金融性负债 + 所有者权益

而资金 = 资产 - 营业性负债，故：

（经营活动资产 - 经营性负债）+（投资活动资产 - 投资性负债）= 金融性负债 + 所有者权益

即：净经营性资产 + 净投资性资产 = 金融性负债 + 所有者权益 （4 - 10）

如公式（4 - 10）所示，由于企业创造价值的营业活动又分为经营活动和投资活动，因此，左侧资金的运用方向可以分为经营活动资金运用和投资活动资金运用两大类。经营活动资金运用为经营活动资产减去经营活动负债，可以称为净经营性资产；投资活动资金运用为投资性资产减去投资性负债，可以称为净投资性资产。净经营性资产和净投资性资产可以反映企业运用在经营活动和投资活动的资金数额，从而体现企业的营业战略。资产负债表的右侧反映资金的来源，分为金融性负债和所有者权益，可以反映企业的融资战略。公式（4 - 10）为改进后的资产负债表基础，图 4 - 5 列示了改进后资产负债表的基本结构。

4.3.2 利润表改进的基本思路

与资产负债表的分类相一致，将企业经济活动的改进后分类法引入资金回报信息反馈中来，可以将企业某一个期间创造的利润（用息税前利润来表示）划分为经营活动损益和投资活动损益两大部分，从而反映企业分别在经营活动和投资活动中的资金回报，并单独列示利息费用来反映企业筹资活动费用，此即改进后利润表的基本结构。此外，由于经营活动经常性损益反映了企业持续性较强的盈余，代表了企业核心业务创造价值的能力，因此还应该在经营活动损益中单独列示经营活动经常性损益和经营活动非常损益。图 4 - 5 列示了改进后的利润表的基本结构。

4.3.3 现金流量表改进的基本思路

与资产负债表、利润表分类一致，现金流量表按照经营活动、投资活动、筹资活动列示各项活动现金的增减变化。但与现行现金流量表不同，固定资产、无形资产等长期资产等的对内投资活动应该归类为经营活动，投资活动只是企业的对外投资活动，是与“独立于或基本独立于实体拥有的其他资源的资产”有关的活动。因此需要在现金流量表主表中对投资活动类别做调整。

此外，利润表中提供了经营活动损益信息后，现金流量表中应该提供相同口径的经营活动资金流量信息，以反映企业经营活动损益的质量。在现金流量表附表以“经营活动净利润”为编制基础，将其调整为经营活动产生的现金流量，就可以提供两者之间的对比。经营活动现金流量还可以再具体分类，从中提取“经营活动EBITDA（税息折旧及摊销前利润）”“经营活动营运资金节约额”“经营性长期资产的净投入”来分别反映企业资金流量管理成效、资金存量管理的成效和企业产品经营的战略部署。在现金流量附表具体编制过程中，以经营活动损益作为调整的起点，首先，扣除折旧、摊销等因素的影响，就可以得到经营活动税息折旧及摊销前利润，即经营活动 EBITDA 来反映利用经营活动创造现金的能力，即企业的经营活动造血能力。其次，再计算企业资金在经营活动中的运用，包括在营运资金上的运用情况和在经营性长期资产上的投入情况，从而反映企业营运资金的管理状况和经营活动的战略部署。改进后现金流量表的基本结构如图 4 – 5 所示。

4.4　改进后报表能够提供的信息

图 4 – 5 不仅列示了改进后各报表的基本结构，还列示了改进后报表所能提供的信息。

4.4.1 资金来源与资金运用存量信息

从图4－5可以看到，改进后资产负债表的左边不仅能够反映企业的资产信息（经营活动资产，投资活动资产），还能够反映来自投资者的资金分别投入经营活动和投资活动中的数额，从而反映企业的资金运用战略。公式的右边即报表的右边则是资金的来源，即企业的融资结构信息，可以反映企业的融资战略和资本结构。

通过反映企业分别运用到经营活动和投资活动中的资金份额，可以反映企业的资源配置策略。净经营性资产各组成项目和净投资性资产各组成项目进一步按照流动性进行分类，就可以在一定程度上反映企业资源配置战略的具体实施情况。进一步与利润表中的经营活动损益和投资活动损益相结合，就可以掌握不同资源配置战略的实施效果和运用效率。

经营性负债与金融性负债分开列示，是因为两者对企业的作用不一样。金融性负债是企业的融资来源，金融性债权人和股东一样，都是企业资金的提供者。而经营性负债很大程度上是由于商业信用的存在而产生的负债，利用经营性负债可以占用上下游的资金，从而最大限度地降低企业的资本成本[19]。经营性负债还是企业在同行业中竞争力水平的重要体现，体现了企业与上下游的关系和其供应链管理的能力。

4.4.2 资金效率信息

从图4－5可以看到，改进后利润表提供的资金回报信息可以具体分为经营活动经常性损益、经营活动非常损益、投资活动损益。资金回报信息可以与经营活动资金运用和投资活动资金运用结合，形成资金运用效率信息。总回报可以与企业总资金进行对比，形成总的资金回报率信息。进行分类后还可以衡量企业不同资金的运用效果和效率，是对企业进行价值评估时最重要的信息。结合图

4－3，反映企业资金的运用效率指标为经营活动经常性损益率（经营活动经常性损益/净经营性资产）、经营活动非常损益率（经营活动非常损益/净经营性资产）、投资活动损益率（投资活动损益/净投资性资产）。其中经营活动经常性损益率反映了企业利用其净经营性资产创造核心利润的能力，反映了企业的核心竞争力；投资活动损益率反映了企业利用净投资性资产对外投资获利的能力，反映了企业对外投资创造价值的能力。这三个指标构成了资金运用效率信息，是在资金概念下对企业经济活动重分类后形成的供股权投资者和债权投资者共同使用的反映其投入资金运用效率、效果的信息，是为其提供决策最重要的信息，可以称为核心信息。由于这些信息都是与企业的盈余相关的，因此也可以称为盈余信息或盈余指标。

将资金效率指标进一步进行分解对比，可以得到更详细精准且适用的其他指标信息。具体如下：

①将经营活动经常性损益与营业收入指标对比，可以计算出真正的经营活动销售利润率（现行指标体系中的营业利润和净利润都不够纯净，不能真正计算企业由于营业收入带来的利润）。

②经营活动损益和投资活动损益信息可以与现金流量表中的经营活动现金流量和投资活动现金流量进行比较，以反映企业资金回报的质量。

③资金就像企业的血液，其流动的速度决定了资金周转的效率，资金周转效率高的企业自然回报率也会高。现行财务报表分析体系中用资产周转率来衡量企业总资产的周转速度，即企业的营运能力。该指标分子为取自现行利润表的营业收入，反映的是企业经营活动取得的总收入，分母为取自现行资产负债表的平均总资产，反映的是企业全部总资产，不仅是经营活动所用总资产，也包括投资活动所用资产。分子分母反映内容不一致，提供的指标就不会准确。采用经济活动重分类后，在资产负债表中可以得到经营活动运

用的资金即净经营性资产，并将其作为分母与利润表中的营业收入进行比较，就可以计算出企业较准确的营运能力。

④进一步从现金流量表中可以得到“销售商品提供劳务收到的现金”及投资活动的资金回收（包括取得投资收益收到的现金和收回投资收到的现金）数据，与净经营性资产和净投资性资产进行比较，就可以计算不同资金的回收效率，从而衡量企业资金的周转质量。

4.4.3 资金流量及增量信息

仅提供资金来源及运用的存量信息是不够的，还需要提供资金流量及增量信息。具体表现为企业在三大经济活动中的资金流动及增加额变化。现行财务报表中的现金流量表已经将企业经济活动进行分类并反映了各种经济活动的资金流入、流出及净流量。对其按照科学的分类方法重新调整后的现金流量表可以满足这方面的信息需求。此外，现金流量表还可以跟资产负债表、利润表相结合，提供与资金周转效率、资金回报等方面相关的质量信息。

现行现金流量表附表是从净利润出发来计算经营活动现金净流量，无法显示经营活动损益与经营活动现金流量的关系，无法反映企业真正的造血能力。改进后的利润表可以提供经营活动损益，以经营活动损益作为调整的起点，扣除折旧、摊销等因素的影响，就可以得到经营活动利息折旧及摊销前利润，即经营活动 EBIDA。此指标可以反映利用经营活动创造现金的能力，即企业的经营活动造血能力。此外，还可以计算企业资金在经营活动中的运用，包括在营运资金上的运用情况和在经营性长期资产上的投入情况，从而反映企业营运资金的管理状况和经营活动的战略部署。这样，就可以为投资者掌握企业经营活动资金运用情况提供更加详实的信息。

4.4.4　财务风险信息

(1) 资金回报的不确定性信息

资金的本性是逐利避险，企业的投资者除了关注投资回报信息外，还要关注与投资回报相关的风险信息。风险一般被表述为：事件未来可能结果发生的不确定性，这种不确定性来自未来收益的数量和时点等，可由收益或现金流分布的方差等测度（雷英等，2009[123]；谭洪涛等，2013[124]）。

对于股权投资者来讲，该不确定性应该主要体现在股票价格的波动与股票收益率的波动。引起股票价格波动的因素有很多，与会计信息相关的风险可以被定义为财务报表中盈余波动与普通股价格波动之间的关系（李梓，2016[125]）。盈余波动比较大时，企业的不确定因素增加，从而可能会对股价产生负面影响。盈余波动与企业的现金流也存在密切的联系（Barth，2004[126]）：通常，在盈余波动较大时，公司现金流发生短缺的概率增加，此时投资者会认为该公司的风险较大；盈余波动较小时，则公司利润较平滑，现金流发生短缺的概率降低，该公司的风险相应变小。因此理性投资者需要关注盈余波动所提供的风险信息，并据此调整其投资决策，即资本市场的股权投资者会依据公司盈余波动状况来判断其投资的风险状况。

(2) 偿债能力信息

对于债权投资者来言，其对风险关注的侧重点会有所不同。债权人通过债务契约来约定其未来的投资回报，其对公司盈余波动的关注程度较股权投资者来讲会较轻，而会格外关注企业是否能够到期还本付息。如果企业投资不当形成亏损甚至全盘损失，各类投资者都需要承担损失份额。与股权投资者相比，债权投资者更倾向于回避风险，希望自己承担的损失越小越好。因此，债权投资者希望自己的债权在公司有一定的股东自有资金来保障从而尽力减少未来会发生亏损的可能性。这种保障可以通过企业的资金来源结构进行衡量，即以金融性负债（或借入资金）占总资金的比重、自有资金占总资金的比重或资金杠杆（总资金/所有权权益）来衡量（王竹泉等，2019[17]）。

现行财务报表分析体系中采用资产负债率（总负债/总资产）来衡量企业的长期偿债能力。而总负债中包含营业性负债，并不能反映企业偿还银行借款的能力。将营业性负债从负债中扣除，反映企业偿还完营业性负债后剩余的资金中可以用于偿还金融性负债的比例，即资本负债率 = 金融性负债/（资产 - 营业性负债），此指标可以更稳健的反映企业长期偿还银行借款的能力。

现行财务报表分析中采用流动比率（流动资产/流动负债）来衡量企业的短期偿债能力，反映企业的流动资产中可以用于偿还流动负债的保证程度。此指标包含经营性流动负债，并不能反映偿还短期金融负债的能力。因此，从流动负债中扣除营业性流动负债，反映企业流动资产中扣除营业性流动负债后可用于偿还短期金融负债的剩余资金的比例。相应的衡量指标为：短期金融偿债能力 =（流动资产 - 营业性流动负债）/金融性流动负债。该指标在偿债顺序上将银行排在最后，计算企业归还因“交易”产生的营业性流动负债后，剩余流动资金对银行债权人的保护程度。从银行债权人的角度来看，“短期金融偿债能力”实际上是衡量债务人短期财务风险的一个更严格的指标，特别是对短期偿付能力较差的公司来说。它不仅反映了归还营业性流动负债后剩余流动资产的短缺情况，而且反映了企业无法支付短期金融负债的真实信用风险（王贞洁等，2019[91]）。

（3）财务弹性信息

财务弹性不仅衡量企业偿还现有债务的能力，还要评估企业的资源是否能够应对意外的机会或风险。将企业的资金来源和资金运用进行分解后，一是可以从资产负债表上反映企业融资对不同资金需求的资金保障能力，提供企业的资金链信息；二是可以从利润表反映企业不同资金运用的资金回报和运用效率，为企业进一步的资金运用提供长期的自我支撑能力；三是从现金流量表反映企业不同资金运用的现金回收效果，提供企业资金运用的质量信息，可以有利于报表使用者进一步更好的评估企业将来的资金供应能力，以应对企业将来可能的风险或机会。

为了使这些信息能够更清晰的展现，将这些信息汇总为三类：一是资金效率信息；二是财务风险信息；三是企业基本层面信息。其中资金运用效率信息是改进后的资产负债表、利润表共同提供的能够反映企业资金使用效率、效果的核心信息（以后章节简称改进后报表核心信息）。相关汇总如表4－1所示。

表4－1　　改进后报表能够提供的信息汇总

信息大类	具体指标列示	信息来源
资金效率信息	资金回报信息： 经营活动损益（包括经营活动经常性损益和经营活动非常损益） 投资活动损益	利润表
	资金运用效率信息（核心信息）： 经营活动损益/净经营性资产 （经营活动经常性损益/净经营性资产、经营活动非常损益/净经营性资产） 投资活动损益/净投资性资产	利润表、资产负债表、现金流量表
	资金回报质量信息： 经营活动产生的现金流量/经营活动损益 投资活动产生的现金流量/投资活动损益	
	资金周转效率与周转质量： 营业收入/净经营性资产 销售商品、提供劳务收到的现金/净经营性资产 投资活动现金回收/净投资性资产	

续表

信息大类	具体指标列示	信息来源
财务风险信息	资金回报的不确定性信息： 资金运用效率信息的波动	利润表、资产负债表
	偿债能力信息： 资本负债率［金融性负债/（资产－营业性负债）］ 短期金融偿债能力［（流动资产－经营性流动负债）/金融性流动负债］	资产负债表
	财务弹性信息： 资本结构 资金运用效率信息 经营活动的造血能力 营运资金的管理能力	资产负债表、利润表、现金流量表
企业基本层面信息	企业经营战略：资金的存量与运用，资金流量及增量，经营性长期资产的净投入	资产负债表、利润表、现金流量表
	企业的融资策略：资金来源结构	
	企业在行业中的竞争地位：营业性负债、营运资金的管理	

第 5 章 企业财务报表分类列报改进的调查问卷

通过前文论述可以看到，财务报表的分类列报已经在国际政策制定机构和会计学术界进行了广泛的讨论和研究。2019 年 12 月，IASB 发布了《一般列报与披露》（*General Presentation and Disclosures*）的征求意见稿，向全世界范围内征求意见。在此公开意见稿中，拟对利润表按照经营活动、投资活动、筹资活动、合营及联营企业四大类别进行利润表的分类列报，并增设相应的小计项目。财务报表的分类列报再一次成为大家关注的焦点问题。在我国，财政部于 2010 年发布了正式的《中国企业会计准则与国际财务报告准则持续趋同路线图》，明确与国际财务报告准则施行持续趋同。2016 年财政部会计司又提出保持与国际财务报告准则持续全面趋同。中国的财务报表列报模式也一直在财政部的主导下，对国际财务报表列报模式亦步亦趋。那我国财务报表列报模式是否也要尝试分类列报模式？国际会计政策制定机构所讨论的现行财务报表列报的缺陷在我国是否需要改进？本书第 4 章提出的财务报表分类列报改进思路是否符合会计实务界的需求？本章针对这些问题展开调查问卷。对这些问题的调查可以掌握实务界专家对财务报表列报缺陷及改进模式的意见和建议，为我国财政部应对 IASB 财务报表列报的修订提供政策参考。

5.1 问卷调查过程及问卷填写人情况介绍

5.1.1 问卷调查过程

本次问卷在设计过程中，为了保证能够尽可能全面反映社会各个层次机构的实际需求，在设计问卷时征求了大型企业的财务总监、银行信贷部门工作人员、会计师事务所的项目组长、证券公司的工作人员以及高校的资深教授等多位专家的意见建议。对问卷的内容进行反复修改，历时 4 个月，于 2020 年 5 月形成“关于企业财务报表列报的调查问卷”定稿①。

问卷在“问卷星”网站发布，于 2020 年 5 月 15 日开始，2020 年 7 月 15 日结束，历时两个月，共收回有效问卷 327 份。采用 Cronbach's alpha 值对问卷结果进行信度检验，问卷总的 Cronbach's alpha 值为 0.971，说明问卷具有较高的信度；对问卷结果进行 KMO 检验和巴特利特（Bartlett）球体检验，KMO 值为 0.961，大于 0.7，说明问卷具有较好的效度。在问卷的调查过程中，得到企业会计准则咨询委员会、中国资金管理智库高峰论坛、会计学术领军班、青岛会计论坛中多位专家的鼎力支持②。多位专家通过微信

① 问卷详见附件 1。

② 在此特别感谢信永中和会计师事务所、中石化、国家能源投资公司、中船重工、青岛城建、青岛国资委、青岛国信、青岛地铁、海湾集团、喜海投资、青岛啤酒、青岛市财政局、青岛市政集团、青岛城投集团、青岛市质检院、青岛双瑞、山东海洋物产、软控股份、大明会计师事务所、万科集团、华福证券、浪潮集团、山东高速集团、烟台卓源、农行济南分行、威海市商业银行、齐鲁银行、邮储银行济南分行、中国移动济南分公司、山东省统计局等各位实务专家的大力支持和宝贵建议！特别感谢中南财经大学、中国海洋大学、东北财经大学、哈工大威海分校、上海海事大学、武汉大学、天津财经大学、青岛农业大学、山东财经大学、山东科技大学、青岛理工大学、山东工商学院等高校会计学教授的鼎力支持！

的方式发表了相关意见和建议，推动了问卷的顺利开展和进一步完善。

5.1.2　问卷填写人的背景情况

（1）行业背景

表 5-1 列示了本次问卷调查中问卷填写人从事的行业背景。此次问卷填写人中，有 156 人来自企业，占总人数的 47.71%，48 人来自银行等金融机构，占总人数的 14.68%，券商、投行等中介机构有 46 人，占 14.07%，税务机关、研究机构有 58 人，占总人数的 17.74%，其他占 5.81%。从行业背景看，来自企业的填写人占了人数的接近一半，基本能代表企业的真实情况。在银行等金融机构、券商投行等中介机构、税务机关、研究机构都有填写人员，说明此次问卷覆盖面较广，形成的样本具有较好的代表性。

表 5-1　　问卷填写人做从事行业背景

<table>
<tr><th>从事行业</th><th>人数</th><th>占比（%）</th></tr>
<tr><td rowspan="5">企业</td><td>156</td><td rowspan="5">47.71</td></tr>
<tr><td>其中：制造业　52</td></tr>
<tr><td>服务业　29</td></tr>
<tr><td>房地产　12</td></tr>
<tr><td>其他　63</td></tr>
<tr><td>银行等金融机构</td><td>48</td><td>14.68</td></tr>
<tr><td>券商、投行等中介机构</td><td>46</td><td>14.07</td></tr>
<tr><td>税务机关、研究机构</td><td>58</td><td>17.74</td></tr>
<tr><td>其他</td><td>19</td><td>5.81</td></tr>
<tr><td>合计</td><td>327</td><td>100</td></tr>
</table>

（2）专业、职务、学历背景

此次参与调查的专业为财会相关专业的 255 人，占总人数的

77.98%。金融类和企业管理类55人，占总人数的16.82%。可以看到，专业人士占填写问卷人员的绝大部分。其中，从业时间10年及以上的为192人，占总人数的58.72%，从业时间5～10年的为49人，占总人数的14.98%。拥有中级职称的有82人，占总人数的25.08%，高级职称的有151人，占总人数的46.18%。在企业参与调查人员中，财务总监有36人，占企业人员的23.08%，会计主管或财务经理40人，占企业人员的25.64%。从学历来看，拥有硕士研究生及以上学历的有201人，占总人数的61.47%，拥有本科学历的有111人，占总人数的33.94%。可以看到，此次问卷参与人员专业性强，从业年限长，职务比较高，学历层次也比较高。由此得出此次问卷参与人员专业水准比较高，可以保证问卷回答问题的有效性和高质量。

5.2 问卷调查发现与分析

5.2.1 财务报表能否传递有效信息

IASB的主席Hans Hoogervorst在2017年指出，财务报表应该提供给投资者对其投资决策有用的信息，这些信息应该能有效传递企业真实状况，而现行财务报表提供了太多无关信息，所提供的信息不够相关，影响了信息的有效传递（IFRS，2017[12]）。在我国，财务报表能够有效传递信息吗？能够满足报表使用者的信息需求吗？图5－1和表5－2列示了财务报表满足信息使用者情况的调查。

图5－1列示了问卷填写人对财务报表是否能够有效传递财务信息的回答情况。仅有11.93%的被调查者认为报表能够有效传递信息，73.39%的被调查者认为报表需要完善，更有11.62%的被

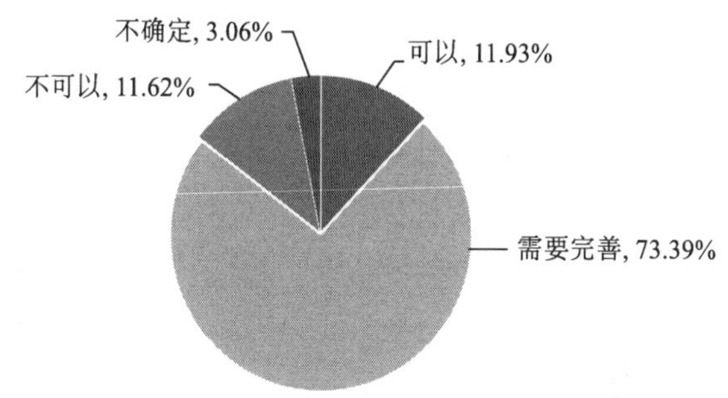

图 5－1　报表能够有效传递信息

表 5－2　　报表使用者满足使用者需求情况调查

反馈意见	报表能否满足股东需求		报表能否满足债权人需求	
	人数	占比（%）	人数	占比（%）
不能满足	10	3. 06	25	7. 65
能够部分满足	270	82. 57	259	79. 20
能够满足	36	11. 01	39	11. 93
不确定	11	3. 36	4	1. 22
合计	327	100	327	100

调查者认为报表不能传递有效信息，需要大力完善，即共有85. 32% 的被调查者认为财务报表在有效传递财务信息方面存在障碍。表 5－2 列示了报表是否能够满足股东和债权人的信息需求。股东需求方面，有大约 11. 01% 的被调查者认为能够满足，而有85. 63% 的被调查者认为只能够部分满足或不能满足。债权人需求方面，有 11. 93% 的被调查者认为能够满足，有 79. 2% 的调查者认为只能够部分满足，有 7. 65% 的被调查者认为不能满足，即共有86. 85% 的被调查者认为只能够部分满足或不能满足。综合图 5－1和表 5－2 可以看到，现行财务报表在传递有效性信息方面有待进一步提高，现行财务报表只能够部分满足股东和债权人的信息需求，基于两者需求导向的企业财务报表列报的改进很有必要。

5.2.2 现行报表之间分类方法不同，概念界定不一致的问题

（1）报表间分类不同、概念界定不一致问题

2008年，IASB和FASB联合发布了《财务报表列报的初步意见讨论稿》，在讨论稿中归纳了长期以来使用者对财务报表的批评，其中第一条便是已确认的交易或事项在不同报表中的分类不同[2]。资产负债表中是按照流动性进行分类，利润表中是按营业活动和非营业活动进行分类，现金流量表中是按经营活动、投资活动、筹资活动进行分类（梁勇，2016[14]）。现行三大财务报表列报采用的分类方法不同，会导致难以获得相关联的财务数据，从而会使报表使用者在评估报告实体盈利能力和盈利质量时存在障碍，影响信息的有效传递（IASB，2010[1]）。

此外，对于“投资”的概念，不同报表的界定不同，概念不一致。资产负债表和利润表中涉及的包含“投资”字样的项目（如长期股权投资、投资性房地产、债权投资、投资收益等）都是企业的对外投资。而现金流量表中“投资活动产生的现金流量”中的“投资”既包括企业对外投资，也包括企业购置固定资产、无形资产等的对内投资活动。概念界定的不一致问题会导致报表间难以形成统一的信息内容，有可能会影响信息使用者对信息的理解和运用，甚至会误导信息使用者的判断。表5－3列示了针对上述问题的调查问卷统计结果。

表5－3　　报表之间分类不一致问题调查

反馈意见	报表间分类不一致		“投资”概念界定不一致	
	人数	百分比（%）	人数	百分比（%）
非常需要	35	10.70	43	13.15
需要改进	222	67.89	226	69.11
改不改进都可以	26	7.95	22	6.73

续表

反馈意见	报表间分类不一致		“投资”概念界定不一致	
	人数	百分比（%）	人数	百分比（%）
不需要	33	10.09	26	7.95
不确定	11	3.36	10	3.06
合计	327	100	327	100

从表 5-3 的统计结果可以看到，有 10.7% 的答卷者认为报表之间分类不一致这一问题非常需要解决，67.89% 的答卷者认为需要改进，总括来看有 78.59% 的答卷者认为报表分类存在不一致这一状况需要改进。对于“投资”概念在报表间界定不一致的问题，有 13.15% 的答卷者认为该问题非常需要改进，有 69.11% 的答卷者认为该问题需要改进。即有 82.26% 的人认为应当对“投资”概念规范界定，并在报表间实现归类一致。

（2）“投资”概念界定的统一及报表间分类的统一

本书第 4 章在分析了传统经营活动/金融活动分类法缺陷的基础上，提出企业经济活动的经营/投资/筹资活动分类法。该分类法将企业的经济活动划分为企业创造价值的营业活动和为企业筹集资金的筹资活动，其中营业活动又分为直接创造价值的经营活动和间接创造价值的投资活动。投资活动被界定为企业购买股票、债券等的对外投资活动，并不包括购置固定资产、无形资产的对内投资活动。该投资活动的界定与现行现金流量表中“投资活动产生的现金流量”中的投资活动是不一样的，但与 IASB（2019）的最新定义相一致，即“投资活动类别”为“独立产生投资回报的资产，该资产独立于或基本独立于企业其他资产”（IASB，2019[5]）。这种分类方法在 2010 年由 IASB 首先提出，经过了相关研究的论证（王竹泉，2013[83]；2015[120]；王竹泉等，2019[20]；王贞洁等，2019[91]），并在 IASB（2019）的公开意见稿中得到体现。针对这种分类方法的调查意见如图 5-2 所示。

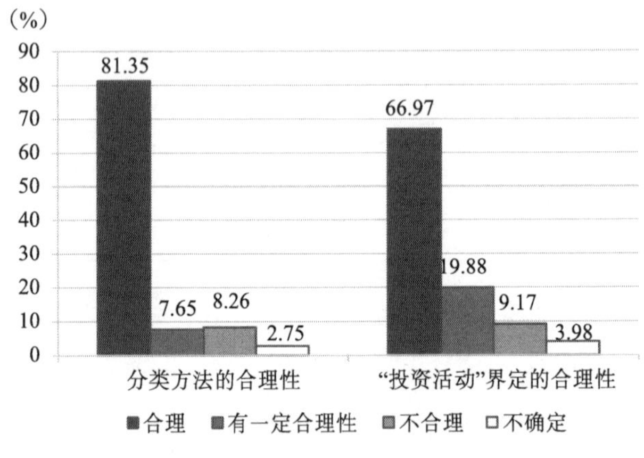

图 5-2　分类方法合理性调查

从图 5-2 可以看到，被调查者中，认为经营/投资/筹资分类方法合理或非常合理的占 81.35%，认为有一定合理性的占 7.65%，即 88.99% 的人认为此方法合理或基本合理。关于"投资活动"的界定，有 66.97% 的人认为合理或非常合理，有 19.88% 的人认为有一定合理性，即共有 86.85% 的被调查者认可此界定的合理性。

5.2.3　关于利润表项目的分类

现行利润表中，利润总额包括很多项目，既包括代表企业经营能力的营业收入营业成本信息，也包括代表企业投资能力的投资收益信息，还包括政府给的补助信息即其他收益，甚至包括企业预期的或已实现的资产减值损失。与企业核心竞争力没有关系的信息都被压在了利润总额里来反映企业的盈利能力，会影响报表使用者对企业真实竞争力和真实盈利能力的误判，从而导致信息的错误传递。问卷调查显示，有 31 人认为该问题非常需要改进，占总人数的 9.48%，有 235 人认为该问题需要改进，占总人数的 71.87%。即共有 81.35% 的被调查者认为该问题需要改进。

(1)“利润总额”项目的分解

在经营/投资/筹资分类法下，在利润表中可以将企业实现的利润区分为经营活动损益和投资活动损益，并将企业筹集资金产生的费用单独列为筹资活动费用，这也是与 IASB (2019)[5] 中的最新界定是一致的。关于投资活动的界定和经营活动损益、投资活动损益和筹资活动费用划分的调查问卷如表 5－4 所示。

表 5－4　经营活动损益、投资活动损益和筹资活动费用划分的必要性

反馈意见	经营活动损益		投资活动损益		筹资活动费用	
	人数	百分比(%)	人数	百分比(%)	人数	百分比(%)
非常有必要	43	13.15	39	11.93	26	7.95
有必要	127	38.84	120	36.70	102	31.19
有一定必要性	118	36.09	119	36.39	139	42.51
设不设置都可以	12	3.67	19	5.81	22	6.73
没有必要	15	4.59	17	5.20	23	7.03
不确定	12	3.67	13	3.98	15	4.59
合计	327	100	327	100	327	100

从表 5－4 可以看到，有 51.99% 的人认为经营活动损益的设置有必要或非常有必要，加上认为有一定必要性的 118 人，高达 88.07% 的被调查者认可设置经营活动损益的必要性。投资活动损益方面，认为有必要或非常有必要的占 48.62%，认为有一定必要性的占 36.39%，共计 85.02%。筹资活动费用方面，认为有必要或非常有必要的占 39.14%，认为有一定必要性的占 42.51%，共计 81.65%。可以看到，大部分被调查者认可投资活动定义的界定，并支持经营活动损益、投资活动损益和筹资活动费用在利润表的分别列报。其中，经营活动损益的单独列报最受认可。

此外，ISAB (2019)[5]界定了“非经常损益”的概念，即未来发生可能性很低，可持续性很差的损益。而收益的可持续性对报表使用者正确判断企业未来的盈利能力和增长能力至关重要，因此有观点认为在经营活动损益中应当将非经常损益与经常性损益区分开来，反映企业的核心盈利，并反映企业经营活动的竞争力（Penman，2013[10]；张新民、钱爱民，2017[25]）。那“非经常性损益”有必要单独列报，并反映经营活动经常性损益吗？调查显示，被调查中有 153 人认为有必要或非常有必要，占总人数的 46.79%，有 114 人认为有一定必要性，占总人数的 34.86%，共有 81.65% 的被调查者认可“非经常性损益”与“经常性损益”的差异，认为有必要区分列报。

（2）资金运用效率指标的提供

在利润表中将企业利润总额分为经营活动损益、投资活动损益和筹资活动费用，反映的是企业经营活动、投资活动回报的绝对数，如果与企业净经营性资产、净投资性资产相比较，可以反映企业不同经济活动资金回报的相对数，从而更好地反映企业资金的运用效率。此类指标是否受实务界认可？从表 5－5 中可以看到，认为两个指标合理或非常合理的百分比分别为 39.15% 和 37.92%，认为两个指标基本合理的百分比分别为 31.19% 和 29.05%，即有 70.34% 的人认为经营活动损益/经营活动净资产指标可以准确反映企业经营活动的资金运用效率，应该被提供；有 66.97% 的人认为投资活动损益/投资活动净资产指标可以准确反映企业投资营活动的资金运用效率，应该被提供。此外，分别有 20.80% 和 23.85% 的人认为两个指标有一定合理性。总括而言，分别有 91.14% 和 90.82% 的被调查者认可两个指标的合理性。

5.2.4 企业战略层面信息的提供

Wernerfelt (1984)[127]提出了基于资源的企业观（A Resource－

表 5-5　　资金运用效率指标合理性的调查

反馈意见	经营活动损益/经营活动净资产		投资活动损益/投资活动净资产	
	人数	占比（%）	人数	占比（%）
非常合理	29	8.87	24	7.34
合理	99	30.28	100	30.58
基本合理	102	31.19	95	29.05
有一定的合理性	68	20.80	78	23.85
不合理	20	6.12	21	6.42
不确定	9	2.75	9	2.75
合计	327	100	327	100

资料来源：作者计算整理。

Base View of the firm），这种观点把企业看作资源的集合体，在考虑企业战略时从企业资源角度出发。而资产负债表中的资产便代表着能够给企业带来经济利益的资源。企业在本行业的竞争能力、战略实施安排及战略完成的效果都应该通过财务报表表现出来（张新民、朱爽，2007[128]）。反映企业资源信息的资产负债表应该能够反映资产的基本结构及企业的战略定位；反映企业增值信息的利润表应该能够反映企业实施其战略的效益和效率，反映资金流量信息的现金流量表应该能够反映企业在其战略活动中的资金流动情况。其中，在资产负债表中，以经营性资产为主的企业主要以产品的生产销售为主营业务，应该注重其经营业务核心竞争力的提升；以投资性资产为主的企业往往是以多元化战略为主导，实现企业集团的多元化发展和扩张（张新民、钱爱民，2017[25]）。但是现行资产负债表按流动性将资产简单排列，利润表则将所有利润项目不加分类混合填列，这种粗放式的列报方式无法反映这些与战略相关的信息。

根据会计等式，资产负债表的左边代表着企业可以运用的资源，右边代表着这些资源的来源和资源提供方要求的权益。其中负债是企业资金的重要来源，其来源构成即融资策略决定着企业资金成本的大小、财务风险的大小、在本行业中的地位以及当前扩张方式和途径。以经营性负债为主的企业可以反映的战略内涵为：利用自身竞争优势，最大限度地占用上下游资金来实现自身的经营和扩张。有时候行业龙头公司甚至可以通过商业信用实现完全利用供应商和客户的资金来为企业创造财富（如戴尔公司、苏宁云商等）。以金融性负债为主的企业往往代表着企业银行举债的能力（尤其长期金融性负债占比高的情况），其战略内涵往往显示出最大限度的利用银行贷款实现企业的迅速壮大发展。因此，企业融资策略的体现也很重要。

从表 5－6 可以看到，有 44.44% 的被调查者认为很有必要或有必要提供战略性信息，有 36.39% 的人认为有一定必要性，即共有 80.73% 的被调查者认可战略性信息提供的必要性。资产负债表中，将资产按照经营性、投资性进行划分可以看清企业的发展战略。有 41.9% 的受调查者认为经营性资产/投资性资产分别列示有必要或很有必要，有 39.45% 的人认为有一定必要性。在经营性负债/金融性负债分别列示方面，有 74.62% 的人认为有必要或很有必要，另有 20.18% 的人认为有一定必要性，即有 94.8% 的受调查者认可经营性负债/金融性负债分别列示的必要性。

表 5－6　　企业战略信息提供的调查

反馈意见	战略性信息的提供		经营性资产/投资性资产分别列示		经营性负债/金融性负债分别列示	
	人数	占比（%）	人数	占比（%）	人数	占比（%）
很有必要	37	11.31	34	10.40	31	9.48
有必要	108	33.03	103	31.50	213	65.14
有一定必要性	119	36.39	129	39.45	66	20.18
改不改进都可以	19	5.81	25	7.65	8	2.45

续表

反馈意见	战略性信息的提供		经营性资产/投资性资产分别列示		经营性负债/金融性负债分别列示	
	人数	占比（%）	人数	占比（%）	人数	占比（%）
没有必要	32	9.79	27	8.26	9	2.75
不确定	12	3.67	9	2.75	0	0.00
合计	327	100	327	100	327	100

资料来源：作者计算整理。

5.2.5　偿债能力信息和财务弹性信息的提供

现行财务报表也难以提供全面准确的偿债能力信息和财务弹性信息。首先，利润表中的利息费用不能反映企业完整的利息费用，因为企业很多长期借款的利息支出都记在了资产的成本中，财务报告使用者只根据利润表中的利息费用来衡量企业的偿债能力和财务风险很容易造成错误的判断；其次，将由于交易关系产生的经营性负债与由于借贷关系产生的金融性负债混为一谈，银行等金融债权人无法了解企业资产在扣除经营性负债后剩余能够偿还金融性负债的真实能力，误导投资者对企业使用金融杠杆程度的判断，从而导致报表使用者对企业乃至整个行业的杠杆率误判（王竹泉等，2019[20]）；最后，现行报表项目没有将资源和义务按功能分解，不能反映不同功能的资源应对将来事项时的应对能力，也不能分析不同类型的资源的投资回报是否可以为未来的增长或风险提供充足的资金，即现行财务报表难以提供准确的财务弹性信息。

针对这些财务报表的缺陷需要改进吗？相关的调查问卷统计结果如表 5－7 所示。从表中数据可以看到，在完整利息费用提供方面，有 48.01% 的人认为信息需要或者非常需要提供，39.76% 的人认为应当适当提供，即有 87.77% 的人认为企业财务报表中应该提供完整清晰的利息费用信息反映企业真实的利息支出。在金融杠杆方面，有42.81%的答卷人认为应当将负债按照其性质进行分类，以反映企业真实的杠杆率，有40.06%的受访者认为可以适当改进，即共有82.87%的人认为应当提供准确的金融杠杆信息。在财务弹性信息提供方面，认为需要或非常需要提供的占42.51%，认为可以适当提供的占42.81%，即有85.32%的答卷人认为应当提供与财务弹性相关的信息，以帮助报表使用者了解企业不同功能的资源应对未来事项时的应对能力。

表5-7　　关于财务风险和财务弹性信息的调查

反馈意见	完整利息费用的提供		准确金融杠杆信息的提供		财务弹性信息的提供	
	人数	占比（%）	人数	占比（%）	人数	占比（%）
非常需要	40	12.23	39	11.93	37	11.31
需要	117	35.78	101	30.89	102	31.19
可以适当改进	130	39.76	131	40.06	140	42.81
改不改进都可以	7	2.14	15	4.59	13	3.98
不需要	21	6.42	30	9.17	23	7.03
不确定	12	3.67	11	3.36	12	3.67
合计	327	100	327	100	327	100

资料来源：作者计算整理。

5.2.6　现金流量表信息的改进

现金流量表是以收付实现制为编制基础，反映企业在一定时期内现金收入和现金支出情况的报表。现行现金流量表的主要作用是用于弥补权责发生制所编制的利润表的缺陷，反映企业短时间内应付必要现金支出的能力和现金管理的能力。简单而言，现行现金流量表只是对资产负债表中“货币资金””期初、期末余额变动成因的详细解释，仅将现金流量按照流入和流出两个方向进行划分，并不能很好地反映其营业活动的效率效果，也不能反映企业核心业务创造现金的能力即企业的造血能力。而企业资金管理的两大核心即存量管理和流量管理。资金的本质是流动性，流量管理应该是资金管理的重心，现金流量表的作用不应该是资产负债表和利润表的补充，而应该提供企业不同类型的资金流动变化的具体信息，从而反映企业不同资金的走向。

首先，利润表中提供了经营活动损益信息后，现金流量表中应该提供相同口径的经营活动资金流量信息，以反映企业经营活动损益的质量。现行现金流量表的间接法是以“净利润”为起点进行调整，最后调整为经营活动产生的现金流量。而净利润包括经营活动损益和投资活动损益，无法将其与经营活动产生的现金流量进行对比从而比较两者的差异。这也是 IASB（2019）[5] 年提出以“经营活动损益”作为间接法编制基础的原因。

其次，资金是企业的血液，财务管理的中心是资金管理（王竹泉等，2013[83]），现金流量表提供的信息中应该能够展现企业资金管理流量的成效。在经营/投资/筹资分类法的基础上，可以将企业营业活动现金流量分为经营活动现金流量和投资活动现金流量两大类，经营活动现金流量可以再具体分类，从中提取“经营活动 EBITDA（税息折旧及摊销前利润）”“经营活动营运资金节约额”“经营性长期资产的净投入”来分别反映企业资金流量管理成效、资金存量管理的成效和企业产品经营的战略部署。这样，就可以为投资者掌握企业经营活动资金运用情况提供更加详实的信息。相关的调查结果如表 5 - 8 所示。

从表 5 - 8 可以看到，有 62.39% 的被调查者认为以“经营活动损益”作为间接法编制的基础合理或非常合理，有 28.75% 的人认为比较合理，因此，任何这种方式合理性的被调查者达到 91.13%。关于“经营活动净现金流”的进一步分类，有 59.94% 的人认为合里或非常合理，有 30.59% 的人认为比较合理，即共

表 5-8　　现金流量表改进的调查结果

反馈意见	以“经营活动损益”作为间接法编制的基础		进一步分类“经营活动现金净流量”信息	
	人数	占比（%）	人数	占比（%）
非常合理	24	7.34	24	7.34
合理	180	55.05	172	52.60
比较合理	94	28.75	100	30.58
不合理	21	6.42	23	7.03
不确定	8	2.45	8	2.45
合计	327	100	327	100

90.52%的被调查者认为应该进一步对经营活动净现金流进行分类，以反映企业经营活动的造血能力、资金管理流量和存量的成效以及企业经营活动的战略部署。

5.3　本章结论

经过上述对问卷的分析，得到结论如下：

①调查结果显示，85.32%的被调查者认为财务报表在有效传递财务信息方面存在障碍，有85.02%的被调查者认为报表不能或只能部分满足股东的信息需求，有86.85%的人认为不能或只能部分满足债权人的信息需求。因此可以得出结论，现行基本财务报表不能有效传递企业的财务信息，不能满足股东和债权人的信息需求。从股东和债权人的需求出发来改进财务报表的列报模式是很有必要的。

②调查结果显示，有78.59%的答卷者认为报表分类不一致这一状况需要改进。关于分类方法，有88.99%的人认可经济活动的经营/投资/筹资分类法。在“投资”概念存在报表间界定不一致

问题方面，82.26%的答卷者认为这一问题亟待改进。有86.85%的人认可IASB（2019）提出的投资活动类别定义，即“独立产生投资回报的资产，该资产独立于或基本独立于企业其他资产”，即企业的对外投资活动。

③调查结果显示，分别有88.07%、85.02%和81.65%的受调查者认为应该在利润表中单独列示经营活动损益、投资活动损益和筹资活动费用。有91.14%和90.82%的被调查者认为“经营活动损益/净经营性资产”和“投资活动损益/投资活动净资产”两个相对值指标可以反映企业不同经济活动资金的运用效率和效果。此外，有81.65%的被调查者认可“非经常性损益”与“经常性损益”的差异，认为有必要区分列报。因此，应该改进现行利润表，对“利润总额”按照经济活动的性质和盈余的可持续性进行合理分类，以真实反映企业核心业务创造价值的能力，即企业的核心竞争力。

④企业是各种资源集合的一个整体，企业的财务报表应该能够通过资产的结构反映企业资源的战略运用情况、通过利润结构反映企业战略实施的效益和效率，通过现金流量结构反映企业在其战略活动中的资金流动情况。调查结果显示，80.73%的人认为有必要在财务报表中提供企业战略相关信息，81.35%的人认为通过经营性/投资性资产、损益和现金流量的划分可以提供相应的战略信息。此外，企业的融资策略可以通过其负债结构体现，94.8%的人认为应该将负债按照经营性/金融性进行划分，以反映企业的融资策略和真实的财务杠杆。

⑤虽然现行利润表单独列示“利息费用”，但此处的利息费用仅是费用化处理的利息支出，并不能完整反映企业金融性负债的资金成本。将经营性负债和金融性负债混为一谈，银行等金融债权人无法了解企业资产在扣除经营性负债后剩余能够偿还金融性负债的真实能力，会误导投资者对企业使用金融杠杆程度的判断。此外，

没有将资源和义务按功能分解，不能反映不同功能的资源应对将来事项时的应对能力。调查结果显示，分别有 87.77%、82.87%、85.32% 的答卷者认为应该提供准确的利息费用信息、准确的金融杠杆信息和相应的财务弹性信息。

⑥现行现金流量表的作用并没有充分发挥，应该能够体现企业资金管理流量和存量的成效，并与利润表信息相对应，反映企业不同活动所产生的损益的质量。调查结果显示，有 91.13% 的人认为应该以“经营活动损益”作为间接法编制现金流量表的起点，将经营活动现金流量与经营活动损益进行比较从而衡量经营活动损益的质量。90.52% 的调查者认为可以进一步分解经营活动现金净流量，提取“经营活动 EBITDA（税息折旧及摊销前利润）”“经营活动营运资金节约额”“经营性长期资产的净投入”来分别反映企业资金流量管理成效、资金存量管理的成效和企业产品经营的战略部署。

企业财务报表分类列报改进后信息的盈利预测能力分析

在本书第 3 章的理论基础中讲述了财务报告的决策有用性目标对会计信息的要求，一是具有“预测价值”，二是具有“反馈价值”。预测价值是指财务报表传递的信息应该能够帮助信息使用者预测企业未来的盈利能力或现金流量；反馈价值是指会计信息会被信息使用者吸收和使用，并能够通过资本市场定价等途径反映出来。因此，要判断财务报表列报改进后能够提供信息的有用性，一是要看改进后信息是否能够提供比现行财务报表信息更加准确的预测未来盈利能力的信息，此即信息的预测能力分析；二是要看改进后信息是否被资本市场的信息使用者认可并反映到股票价格中，此即信息的价值相关性分析。以往的实证研究在检验信息的有用性时也大多通过这两大途径进行。因此，本书在第 6 章和第 7 章利用中国上市公司大样本数据，实证检验分类列报改进后信息的盈利预测能力和价值相关性，为分类列报改进后信息的有用性提供实证证据。

本书第 4 章中从财务报表使用者的共性需求出发，在对企业经济活动进行重分类的基础上，提出了财务报表分类列报改进的基本思路以及改进后报表所能提供的基本信息。其中，改进的核心是将投资者投入企业的资金划分为净经营性资产和净投资性资产，并将企业的盈余划分为经营活动经常性损益、经营活动非常损益和投资活动损益。改进后报表提供的核心信息也应该是由这些数据构成的资金运用效率信息。这是对报表使用者最重要的信息，他们需要这些信息来预测企业未来的盈利，从而为其投资决策提供帮助。那这些信息的提供对预测企业未来盈利有用吗？与现行财务报表提供的资金效率指标相比，这些信息的预测能力更强吗？本章从实证数据出发来探讨这个问题。

6.1 问题的提出与理论分析

6.1.1 问题的提出

盈余数据对评价一个公司的经营业绩和其价值具有非常重要的作用，因此公司的盈余数据以及由此派生的盈余指标一直是报表使用者关注的焦点（程小可，2005[129]）。盈余数据的有用性在很大程度上体现在其对企业未来盈余的预测能力。因此，很多实证研究都检验盈余数据的预测能力来判断此数据的有用程度。

研究发现，盈余的不同组成部分具有不同的持续性（lipe，1986[45]），对盈余进行分类披露可以大大提高对将来盈余的预测能力（Fairfield & Yohn，2001[30]）。因此，有很多研究讨论了如何对盈余数据进行分类。总体来看，对盈余的分类主要有三种：一是将盈余划分为应计项目和净现金流量（Sloan，1996[130]），包含应计项目高的盈利比包含现金流量高的盈利持久性要差，低可靠性的应计项目导致了盈利的低持续性，从而引起投资者对证券市场价格的误判。二是将盈余区分为经常性和非经常性损益（Fairfield et al.，2009[36]；Jones & Smith，2011[37]），也称为经常性/非常活动分类法。两者的区别在于其盈余的可持续性和对未来盈余的预测性有很大不同。三是将企业经济活动划分为经营活动和金融活动，即经营活动/金融活动分类法。Feltham & Ohlson（1995）[9]、Nissim & Penman（2001）[39]将企业活动划分为经营活动和金融活动，认为只有经营活动可以创造价值，企业盈利能力的关键驱动因素是销售毛利率、经营性资产周转率及经营性负债杠杆率。此后，Penman & Zhang（2003）[40]、Richardson et al.（2005）[41]、Soliman（2008）[42]、Penman（2013）[10]等的研究延续了此种分类方法。Esplin et al.（2014）[11]则指出，经营活动/金融活动分类法本身并不能提高盈余信息的盈利预测性，但如果将其与经常性/非常活动分类法结合起来，可以提高信息的盈利预测性。

第 4 章在重新界定“资金”概念的基础上，将企业的资金分为经营活动资金运用和投资活动资金运用两大类，并将企业的盈余分为经营活动经常性损益、经营活动非常损益和投资活动损益三大类。这种分类方法是否可以提高盈余的预测能力呢？这种分类方法与现行利润表列报中采用的方法相比预测能力是否可以提升呢？这是本章要解决的主要问题。

6.1.2　理论分析

按照 Ohlson 剩余收益模型（Ohlson，1995[8]），企业的价值等于账面价值与预期剩余收益的现值组成的，即

$$V_0 = B_0 + \sum_{t=1}^{T} \rho_E^{-t} RE_t + \frac{CV_T}{\rho_E^T} \tag{6-1}$$

其中，V_0 为企业第 0 期的股东权益价值即企业价值，B_0 为第 0 期企业的股东权益账面价值，RE_t 为第 t 期的企业的剩余收益，CV_T 为第 T 期预测的企业剩余收益的持续价值，$(\rho_E - 1)$ 为股东所要求的最低报酬率。

其中剩余收益是企业实际收益超过投资者必要报酬水平的部分，也被称为超常收益，用公式表达为：

$$RE_t = CI_t - (\rho_E - 1)B_{t-1} = [ROE_t - (\rho_E - 1)]B_{t-1} \quad (6-2)$$

其中 CI_t 为第 t 期的收益，$ROE_t = CI_t/B_{t-1}$，表示普通股权益报酬率①。综合公式（6－1）和公式（6－2），可以看到企业价值的驱动因素主要有两个，一是企业的账面价值，二是普通股权益报酬率 ROE。Nissim & Penman（2001）[39]进一步总结了 ROE 的驱动因素，用公式（6－3）来表示。

$$ROE = RNOA + \frac{Other\ Items}{NOA} + FLEV \times (RNOA - NBC) \quad (6-3)$$

其中，$RNOA$ 为经营活动损益率，是经营活动损益与净经营性资产之间的比率，可以反映企业的经营活动获利能力；$FLEV$ 为净金融杠杆，是企业净金融性负债（金融负债中扣除金融资产）占股东权益的比例；NBC 为净借款成本率，是净筹资费用（利息费用减去金融资产收益）与金融性负债的比例；（$RNOA - NBC$）是经营活动损益率与净借款成本率之间的差异，也被称为经营利润率差异。NOA 为净经营性资产，$Other\ Items$ 是企业经营过程中获得的其他收益，如投资收益、投资性资产公允价值变动等。Nissim & Penman（2001）[39]的研究中认为 $Other\ Items$ 意义很小，将其纳入公式只是为了保证公式的完整。此公式为经营活动/融资活动分类方法的理论基础。

本书第 4 章已经论述了经营活动/融资活动分类方法的缺陷，并借鉴王竹泉（2013，2015）和 IASB（2010，2019）的做法提出了企业经济活动的经营/投资/筹资活动分类法。将这种分类方法加入普通股权益报酬率（ROE）的计算中，公式就变为：

$$ROE = CI/CSE = (OI + II - FE)/CSE \quad (6-4)$$

其中 OI 为经营活动损益，II 为投资活动损益，FE 为筹资活动

① 为了使研究不受所得税的影响及简化研究过程，本书中的 ROE 中的分子采用税前利润。

费用。

将公式（6－4）进行分解整理①，并仿照公式（6－3）的样式写为：

$$ROE = RNOA + \frac{NIA}{CSE} \times (RNIA - RNOA) + FLEV \times (RNOA - NBC) \tag{6-5}$$

其中，*RNIA* 为投资活动损益率，为投资活动损益与净投资性资产之间的比率。*NIA* 为净投资性资产，为投资性资产与投资性负债之间的差额。$\frac{NIA}{CSE}$为净投资性资产占所有者权益的份额。此公式中的 *FLEV* 为金融杠杆，是金融负债与股东权益的比率，与公式（6－3）不同的是，此金融负债中并没有扣除金融资产。同时，此公式中的 *NBC* 并没有扣除金融资产收益，是纯粹的由于金融负债而产生的利息费用。该公式的三大部分代表了企业价值的三大驱动因素，一是经营活动获利能力（公式中的 *RNOA* 表示），二是投资活动获利能力［公式中的$\frac{NIA}{CSE} \times (RNIA - RNOA)$表示］，三是筹资活动贡献［公式中的 $FLEV \times (RNOA - NBC)$ 表示］。这三大部分在财务报表中是否需要分别列示取决于这三部分的可持续性是否有显著差异，以及分类是否会提升对未来收益的预测能力。

本书第4章已经分析到，可持续性盈余是分析企业增长能力的基础，将盈余按照可持续性进行区分对分析企业的增长能力是非常

---

① $ROE = \frac{OI + II - FE}{CSE} = \frac{OI}{CSE} + \frac{II}{CSE} - \frac{FE}{CSE} = \frac{OI}{NOA} \times \frac{NOA}{CSE} + \frac{II}{NIA} \times \frac{NIA}{CSE} - \frac{FE}{FL} \times \frac{FL}{CSE} = RNOA \times \frac{CSE + FL - NIA}{CSE} - \frac{FE}{FL} \times \frac{FL}{CSE} + \frac{II}{NIA} \times \frac{NIA}{CSE} = RNOA + RNOA \times \frac{FL}{CSE} - RNOA \times \frac{NIA}{CSE} - \frac{FE}{FL} \times \frac{FL}{CSE} + \frac{II}{NIA} \times \frac{NIA}{CSE} = RNOA + \frac{FL}{CSE} \times (RNOA - \frac{FE}{FL}) + \frac{NIA}{CSE} \times (\frac{II}{NIA} - RNOA) = RNOA + \frac{NIA}{CSE} \times (RNIA - RNOA) + [FLEV \times SPREAD]$。

必要的。因此将经常性/非常活动分类法与经营/投资/筹资活动分类法结合起来，将经营活动损益按照可持续性进一步分为经营活动经常性损益和经营活动非常损益。在这种分类方法下，公式（6－5）进一步演化为：

$$ROE = RNOAU + RNOAS + \frac{NIA}{CSE} \times (RNIA - RNOAU - RNOAS) + FLEV \times (RNOAU + RNOAS - NBC) \quad (6-6)$$

其中，*RNOAU* 为经营活动经常性损益率，是企业可持续性较好的经营活动经常性损益与经营活动净经营性资产的比率，也就是企业的核心盈余率；*RNOAS* 为经营活动非常损益率，是企业可持续性较差的经营活动非常损益与经营活动净经营性资产的比例。

现行利润表可以提供利润总额和净利润这样的总括指标，而且将利润总额划分为营业利润和营业外利润两大类。营业利润反映企业营业过程中取得的各项收入和支出，经营活动和投资活动获得的收益都包含在里边。营业外利润列示的是企业偶然活动发生的非常损益，但营业利润中却不仅列示了企业经营活动中的经常损益①。在这种列报方式下，信息使用者可以采用传统的杜邦分析体系来进一步分析企业的获利能力。在杜邦分析体系下，净资产收益率可以分解为总资产收益率和权益乘数两大部分，即：

$$净资产收益率^{②} = 总资产收益率 \times 权益乘数 = (\frac{营业利润}{总资产} + \frac{营业外利润}{总资产}) \times (\frac{负债 + 净资产}{净资产})$$

① 营业利润中的资产减值损失、其他收益、以及与投资活动相关的投资收益、公允价值变动损益等都不应该属于经营活动经常性损益的范畴。经常性/非经常性此分类法下将哪些项目列入经常性损益，哪些列入非经常性损益，并没有形成统一意见。IASB（2019）又重新讨论了这个问题，建议将“非经常损益”定义为预测价值有限的损益。

② 与前边一致，为了不受所得税的影响及简化研究过程，本书中的 *ROE* 中的分子采用税前利润。

$$= \left(\frac{营业利润}{总资产} + \frac{营业外利润}{总资产}\right) \times \left(1 + \frac{负债}{净资产}\right)$$

$$= \frac{营业利润}{总资产} + \frac{营业外利润}{总资产} + \left(\frac{营业利润}{总资产} + \frac{营业外利润}{总资产}\right) \times \frac{负债}{净资产} \tag{6-7}$$

公式（6-6）是按照第 4 章的改进后分类法对盈余指标净资产收益率的分解，包括改进后报表能反映的核心信息 *RNOAU*、*RNOAS*、*RNIA*，企业的金融杠杆 *FLEV*、净借款成本率 *NBC*、以及净投资性资产在企业净资产中所占的比例。公式（6-7）是按照现行资产负债表和利润表提供的信息对净资产收益率的分解，能够反映营业利润以及营业外利润占总资产的比率以及企业的资产负债率，下文简称现行报表分类法。从内容上看，公式（6-6）反映的信息更加细致全面，能够反映企业的核心竞争力。但盈余信息的有用性更重要的是能够为投资者预测未来盈利提供更加精确的信息。那两者比较来言，哪一种能够提供更精确的盈利预测信息？这是本章要解决的主要问题。

6.2　研究设计

6.2.1　模型设计与预测方法

（1）模型设计

会计理论界一般采用整合模型法（Aggregate Approach，Fairfield et al.，1996[131]；Nissim & Penman，2001[39]；Fairfield et al.，2009[36]；Soliman，2008[42]；Esplin. et al.，2014[11]）来判断盈余分类的盈利预测能力。在此方法中，将盈余各组成部分都放在一个回归模型中，来判断滞后一期各组成部分共同对当期盈利的预测能力，当期盈利一般用净资产收益率（*ROE*）来表示。借鉴 Esplin. et al.（2014）[11]的做法，采用以下模型来检验不同分类方法下 $t-1$ 期数据对 t 期盈利的预测能力。

现行报表分类方法中，将利润分为营业利润和营业外利润两大部分进行列示。参照公式（6－7）建立（模型 6－1）来检验此分类下的盈利预测能力。

$$ROE_{i,t} = \alpha_0 + \beta_1 GOE_{i,t-1} + \beta_2 NOE_{i,t-1} + \beta_3 LR_{i,t-1} + \varepsilon_{i,t} \quad \text{（模型 6－1）}$$

其中 *GOE* 为营业利润与总资产的比率，*NOE* 为营业外利润与总资产的比率，*LR* 为负债与净资产的比率。通过公式（6－7）知道，变量之间呈交互影响的方式，因此在（模型 6－1）中加入 *GOE*、*NOE* 与 *LR* 的交乘项。

其次，看改进后分类方法下各盈余指标的盈利预测能力。参照公式（6－6），建立（模型 6－2）估计此分类下各盈余指标的盈利预测能力。

$$ROE_{i,t} = \alpha_0 + \beta_1 RNOAU_{i,t-1} + \beta_2 RNOAS_{i,t-1} + \beta_3 RNIA_{i,t-1} + \beta_4 NIAP_{i,t-1} + \beta_5 NBC_{i,t-1} + \beta_6 FLEV_{i,t-1} + \varepsilon_{i,t} \quad \text{（模型 6－2）}$$

其中，*RNOAU* 为经营活动经常性损益率；*RNOAS* 为经营活动非常损益率；*RNIA* 为投资活动损益率；*NIAP* 为净投资性资产所占份额，为公司净投资性投资与所有者权益的比率，即公式（6－6）中的 $\frac{NIA}{CSE}$；*NBC* 为借款成本率，是筹资费用与金融性负债的比例；*FLEV* 为金融杠杆，是企业金融性负债占股东权益的比例。通过公式（6－6）知道，有些变量在对 *ROE* 影响时呈交互影响的形式，因此在（模型 6－2）中分别加入 *NIAP* 与 *RNIA*、*RNOAU*、*RNOAS* 的交乘项，以及 *FLEV* 与 *RNOAU*、*RNOAS*、*NBC* 的交乘项。此外，为了控制公司资产、负债和净资产的变动对 *ROE* 的影响，在每个模型中加入公司净经营性资产增长率、所有者权益增长率和负债增长率作为控制变量；为了控制公司规模、行业、年度对盈利预测能力的影响，在每个模型中加入资产的自然对数、行业、年度作为控制变量。

（2）预测方法

Wooldridge（2015）[132]指出，在预测问题上，使用样本外预测的方法更好，因为预测本质上是一个样本外的问题。因此，在判断各个模型预测准确性时，采用样本外预测的方法。在检验时，首先对样本内数据进行拟合来估计模型的参数，其次采用样本外的数据来判断各个模型的预测能力。在判断模型的预测能力时，计算样本外数据的预测绝对误差（forecast absolute error），并比较预测绝对误差的平均值和中位数。该指标越小，代表模型的样本外预测能力越强，预测准确度越高。其计算过程如下：

假设有 $n+m$ 次观测，前 n 次观测用于估计模型中的参数，为样本内回归，其余 m 次观测用于样本外预测。令 f_{n+h} 为 $h=0$，1，2，…，$m-1$ 时 y_{n+h+1} 的提前一期预测，则预测误差为 $e_{n+h+1}=y_{n+h+1}-f_{n+h}$，预测绝对误差为预测误差的绝对值。

6.2.2　变量的计算公式与样本的选择

（1）变量的计算公式

表6-1列示了本书所用的变量、其含义及其计算公式。在考虑盈余指标时，为了减少计量误差，不考虑其他综合收益和所得税，用税前利润即利润表中的“利润总额”数来代表盈余总括指标。由于筹资费用单独衡量，因此在计算经营活动损益和投资活动损益时，将财务费用加回以衡量不扣除筹资费用时的盈余水平。在各指标计算时，由于现行利润表并没有将经营活动、投资活动和筹资活动分开列示，因此某些指标不能准确计算。在确定各指标计算公式时，参考 Penman（2013）[10]和 Esplin et al.（2014）[11]的做法，尽量做到指标计算有合理依据。

表 6－1　本章所用变量及计算公式

变量	含义	计算公式
OI	经营活动损益	利润总额＋财务费用－投资收益－公允价值变动收益
II	投资活动损益	投资收益＋公允价值变动损益
OIU	经营活动经常性损益	经营活动损益－经营活动非常损益
OIS	经营活动非常损益	营业外收入－营业外支出－资产减值损失①
FL	金融性负债	短期借款＋应付股利＋应付利息＋一年内到期的非流动负债＋长期借款＋应付债券＋长期应付款
OL	经营性负债	负债合计－金融性负债－衍生金融负债
NIA	净投资性资产	短期投资净额＋应收股利净额＋应收利息净额＋交易性金融资产＋衍生金融资产＋可供出售金融资产净额＋持有至到期投资净额＋投资性房地产净额＋长期股权投资净额＋长期债权投资净额－衍生金融负债②
NOA	净经营性资产	资产总计－净投资性资产－经营性负债
ROE	净资产收益率	利润总额③/所有者权益

① 按照 Penman（2013）的观点，资产减值损失属于非经常性项目。按照 2008 年证监会发行的《公开发行证券的公司信息披露解释性公告第 1 号——非经常性损益（2008）》，因不可抗力因素而计提的各项资产减值准备应该计入非经常性损益。而根据现行财务报表，无法将资产减值损失按照经常性和非经常性进行区分。为了简化研究过程，本书将资产减值损失计入非经常性损益。

② 货币资金持有动机具有多样性，企业可以根据其持有目的区分经营性货币资金或投资性货币资金。参考管理用财务报表的编制方法，共有三种选择：一是全部计入经营活动，二是全部计入投资活动，三是按照公司历史或行业平均“货币资金/销售收入”百分比以及本期销售额，推算货币资金（经营性），其余部分列为货币资金（投资性）。本书先将全部货币资金列为经营性货币资金，在稳健性检验时检验其他两种方法下对货币资金归类时的模型检验结果。

③ 为了消除所得税的影响，本书选取税前利润即利润总额来计算净资产收益率。

续表

变量	含义	计算公式
RNOAU	经营活动经常性损益率	经营活动经常性损益/净经营性资产
RNOAS	经营活动非常损益率	经营活动非常损益/净经营性资产
RNIA	投资活动损益率	投资活动损益/净投资性资产
NIAP	投资活动资金占比	净投资性资产/所有者权益
NBC	借款成本率	利息费用[①]/金融性负债
FLEV	金融杠杆	金融性负债/所有者权益
GOE	营业利润率	营业利润/总资产
NOE	营业外利润率	（营业外收入－营业外支出）/总资产
LR	负债占比	负债总额/所有者权益
Size	公司规模	Ln 资产总计
NOA_gr	净经营性资产增长率	净经营资产变动额/期初净经营性资产
BVE_gr	所有者权益增长率	所有者权益变动额/期初所有者权益
LIA_gr	负债增长率	负债变动额/期初负债总额

注：在计算净资产收益率、投资活动损益率、经营活动经常性损益率、经营活动非常损益率、净借款成本率、营业利润率、营业外利润率指标时，分母采用相关指标的年初和年末平均值。

（2）样本的选择与数据处理

财政部于 2006 年颁布了新的企业会计准则，并规定 2007 年 1 月 1 日起在上市公司执行。新的企业会计准则与原先会计准则有很大差异，因此，为了保持数据计量的稳定性，本书选取 2007—2019 年 A 股上市公司作为研究样本。样本数据来源于国泰安 CSMAR 数据库，本书所使用的数据处理及统计分析软件为 STATA14. 0。

① 由于利息费用数据难以获取，用财务费用数据替代。

为保证数据的可靠性并尽量降低误差，本书对数据做了以下处理：剔除金融类上市公司，剔除数据缺失和异常的上市公司，剔除股东权益小于或等于0的公司，剔除其净经营性资产和净投资性资产小于或等于0的公司。为了保证预测尽量少受特殊事件的影响，剔除营业收入增长率、净经营性资产增长率和股东权益增长率大于100%的公司，剔除借款成本率小于0或大于1的公司。经过筛选，共得到2866家上市公司的18771个“公司—年度”样本观察值。为了控制极端值问题，本书对所有连续变量的极端值进行1%的Winsorization处理，令其值分别等于1%和99%的分位数。

为了防止跨期不稳定性对样本外预测的影响，在采用样本外预测检验时，采用7年期滚动回归的方法来估计模型的系数。举例来说，采用2007—2013年的数据来估计模型的系数（样本内回归），然后将模型系数代入2014年的数据来预测2015年的*ROE*，并与2015年的实际*ROE*作对比，通过计算预测绝对误差来衡量2014年数据对2015年盈利的预测能力。采用2008—2014年的数据来估计模型的系数，然后将模型系数代入2015年的数据来预测2016年的*ROE*，并与2016年实际的*ROE*作对比。以此类推，需要进行2015—2019年5年数据的样本外检验测试。

6.3 实证检验结果及分析

6.3.1 主要变量的描述性统计分析及相关系数分析

（1）主要变量的描述性统计分析

表6-2为本部分主要相对值变量的描述性统计结果。从表中可以看到，净资产收益率的平均值为6.69%，其中营业利润率为5.37%，营业外利润率为1.22%。经营活动经常性损益率（即企

业核心利润率）为 7.01%，经营活动非常损益率为 -1.09%，投资活动损益率为 23.24%。从标准差来看，经营活动经常性损益率（即企业核心利润率）的标准差为 0.0853，经营活动非常损益率的标准差为 0.0587，而投资活动损益率的标准差为 0.9407，可以看到投资活动损益率在样本内的偏差比较大。净投资性资产占所有者权益的比率平均为 18.87%，说明所有者投入的资金有比较大的一部分用于了对外投资活动。金融杠杆平均为 76.06%，说明从银行等金融机构贷款是上市公司非常重要的融资方式。

表 6 - 2　　　　本章主要变量的描述性统计结果

变量	N	mean	sd	min	p25	p50	p75	max
ROE	18771	0.0669	0.1752	-0.9989	0.0284	0.0776	0.1400	0.6454
GOE	18771	0.0537	0.1749	-0.9036	0.0168	0.0688	0.1300	0.6184
NOE	18771	0.0122	0.0390	-0.1563	-0.0001	0.0034	0.0133	0.2999
RNOAU	18771	0.0701	0.0853	-0.2635	0.0292	0.0654	0.1093	0.4480
RNOAS	18771	-0.0109	0.0587	-0.4310	-0.0120	-0.0023	0.0040	0.2005
RNIA	18771	0.2324	0.9407	-0.8438	0.0033	0.0566	0.1625	10.5999
NBC	18771	0.0574	0.0518	0.0000	0.0339	0.0499	0.0660	0.4200
NIAP	18771	0.1887	0.2438	-0.0571	0.0314	0.0964	0.2457	1.3623
FLEV	18771	0.7603	0.8083	-0.0026	0.2485	0.5171	0.9691	4.7930

资料来源：作者计算整理。

（2）变量之间的相关系数分析

表 6 -3 列示了主要变量之间的相关系数，可以看到，$t-1$ 期的各变量与 t 期净资产收益率大部分存在显著的相关关系。$t-1$ 期的营业利润率、经营活动经常性损益率、经营活动非常损益率与 t 期的净资产收益率存在显著的正相关关系，而 $t-1$ 期的投资活动收益率、借款成本率、金融杠杆与 t 期的净资产收益率存在显著的负相关关系。纳入同一模型的各变量之间的相关系数均不高，不存在严重的共线性问题。

表 6－3　本章主要变量间的相关系数

变量	ROE	ROE_{t-1}	GOE_{t-1}	NOE_{t-1}	$RNOAU_{t-1}$	$RNOAS_{t-1}$	$RNIA_{t-1}$	NBC_{t-1}	$NIAP_{t-1}$	$FLEV_{t-1}$
ROE	1									
ROE_{t-1}	0.3866*	1								
GOE_{t-1}	0.4197*	0.9117*	1							
NOE_{t-1}	−0.1015	0.1332*	−0.2056*	1						
$RNOAU_{t-1}$	0.4154*	0.6764*	0.7351*	−0.1819*	1					
$RNOAS_{t-1}$	0.094*	0.4373*	0.2609*	0.5052*	0.0323*	1				
$RNIA_{t-1}$	−0.0276*	0.0123	0.0181	−0.0065	−0.0544*	−0.0374*	1			
NBC_{t-1}	−0.0276*	−0.0213	−0.0263	0.0181	−0.026	−0.0026	−0.0324*	1		
$NIAP_{t-1}$	0	−0.0121	−0.0283*	0.0215	−0.0797*	−0.0445*	−0.0969*	0.0308*	1	
$FLEV_{t-1}$	−0.0616*	−0.0852*	−0.1447*	0.1659*	−0.1635*	0.0311*	−0.008	0.0646*	0.2429*	1

资料来源：作者计算整理，*代表在1%水平上显著。

6.3.2　实证结果与分析

（1）模型估计方法的选取

参照 Fairfield n. et al.（2009）[36]、Esplin. et al.（2014）[11]，采用 Fama－MacBeth（1973）的回归方式对模型进行估计，并为了进一步消除残差异方差和自相关的影响，对估计结果进行 Newey－West 调整。本书采取样本外预测的方法来对模型的预测效果进行检验，因此所计算的预测绝对误差为样本外预测绝对误差。以2015 年为例，在对 2007—2013 年 7 年数据进行估计后，将估计出的系数代入 2014 年的基本指标，来预测 2015 年的盈利能力得到 $\widetilde{ROE}$，然后将 2015 年真实的 ROE 与 $\widetilde{ROE}$ 进行对比，计算预测误差，最后对预测误差取绝对值计算预测绝对误差。将两个模型的预测绝对误差进行对比，误差值较小的视为预测能力较高。在对比时，分别对两个模型的预测绝对误差的均值和中位数进行对比。均值差异的显著性检验采用配对样本 t 检验，通过显著性检验即视为具有显著差异；采用 wilcoxon 符号秩检验来判断中位数是否存在显著性差异。参照 Wooldridge（2015）[132]和 Esplin et al.（2014）[11]，均值或中位数存在显著性差异时，两模型的预测绝对误差存在显著性差异。

（2）实证结果的分析

表 6－4 和表 6－5 列出了实证结果。从表中可以看到，不同年度的滚动回归体现出的（模型 6－2）调整后的拟合优度比（模型 6－1）要高，说明使用（模型 6－2）有更好的拟合效果。具体来看（模型 6－2）的各变量系数，滞后一期的 *RNOAU*、*RNOAS* 均对当期的 *ROE* 具有显著的预测能力，但 *RNOAU* 的预测能力更强。滞后一期的 *RNIA* 的预测效果较差，与当期的 *ROE* 没有直接关系，但 *RNIA* 的预测效果与净投资性资产占股东权益的比例有很大关系。当净投资性资产占比较高时，*RNIA* 的预测效果显著。滞后一期的

NBC 对当期的 *ROE* 预测效果很差，但当企业金融性负债占比较高时，*NBC* 越高，未来的 *ROE* 越低。

表 6-4　2015—2017 年样本内回归结果及样本外预测绝对误差结果

变量	2015 年		2016 年		2017 年	
	模型 6-1	模型 6-2	模型 6-1	模型 6-2	模型 6-1	模型 6-2
GOE_{t-1}	0.819***		0.751***		0.781***	
NOE_{t-1}	0.4		0.338		0.263	
LR_{t-1}	0.010**		0.005		0.004	
$GOE_{t-1} \times LR_{t-1}$	0.016		0.071		0.079*	
$NOE_{t-1} \times LR_{t-1}$	-0.095		-0.138		-0.152	
Size	0.005***	0.005**	0.006***	0.006***	0.006***	0.006***
NOA_gr	0.008	-0.012	-0.014	-0.032	-0.034	-0.050**
BVE_gr	0.386***	0.396***	0.392***	0.399***	0.377***	0.380***
LIA_gr	-0.021	-0.012	-0.016	-0.005	-0.005	0.003
$RNOAU_{t-1}$		0.659***		0.641***		0.650***
$RNOAS_{t-1}$		0.097		0.147**		0.146**
$RNIA_{t-1}$		-0.003		-0.001		0
NBC_{t-1}		-0.002		0		-0.005*
$FLEV_{t-1}$		0.010*		0.008		0.004
$NIAP_{t-1}$		0.042**		0.048***		0.051**
$RNIA_{t-1} \times NIAP_{t-1}$		0.123***		0.125***		0.108**
$RNOAU_{t-1} \times NIAP_{t-1}$		-0.474***		-0.478***		-0.508***
$RNOAS_{t-1} \times NIAP_{t-1}$		0.108		0.132		0.159
$RNOAU_{t-1} \times FLEV_{t-1}$		0.057		0.09		0.142***
$RNOAS_{t-1} \times FLEV_{t-1}$		-0.085		-0.184**		-0.200***
$NBC_{t-1} \times FLEV_{t-1}$		-0.300**		-0.412***		-0.405***
常数项	-0.122***	-0.119***	-0.139***	-0.141***	-0.146***	-0.143***

续表

变量	2015 年		2016 年		2017 年	
	模型 6－1	模型 6－2	模型 6－1	模型 6－2	模型 6－1	模型 6－2
调整后的 $r2$	0.600	0.618	0.600	0.62	0.586	0.606
N	8144	8144	8704	8704	9146	9146
F 值	14.134	16.339	33.038	20.009	21.299	18.359
预测绝对误差均值	0.08328	0.08052	0.07564	0.07451	0.06172	0.06014
均值差异	0.00276***		0.00113*		0.00158***	
预测绝对误差中位数	0.04606	0.04511	0.04235	0.04108	0.03442	0.03405
中位数差异	$z=5.926$***		$z=2.195$**		$z=1.804$*	

资料来源：作者计算整理，其中 * 代表 $p<0.1$；** 代表 $p<0.05$；*** 代表 $p<0.01$。均值差异的显著性采用配对样本 t 检验，中位数差异的显著性采用 wilcoxon 符号秩检验。

表 6－5　2018—2019 年样本内回归结果及样本外预测绝对误差结果

变量	2018 年		2019 年	
	模型 6－1	模型 6－2	模型 6－1	模型 6－2
GOE_{t-1}	0.783***		0.790***	
NOE_{t-1}	0.291		0.29	
LR_{t-1}	0.001		0.001	
$GOE_{t-1}\times LR_{t-1}$	0.071		0.062	
$NOE_{t-1}\times LR_{t-1}$	－0.182		－0.16	
$Size$	0.007***	0.007***	0.007***	0.007***
NOA_gr	－0.052**	－0.065***	－0.066***	－0.079***
BVE_gr	0.359***	0.361***	0.363***	0.364***
LIA_gr	0.005	0.012*	0.008	0.013**
$RNOAU_{t-1}$		0.679***		0.677***
$RNOAS_{t-1}$		0.119*		0.116**
$RNIA_{t-1}$		0		0.001

续表

变量	2018 年		2019 年	
	模型 6 - 1	模型 6 - 2	模型 6 - 1	模型 6 - 2
NBC_{t-1}		-0.002		-0.002**
$FLEV_{t-1}$		0.004		0.002
$NIAP_{t-1}$		0.058***		0.055***
$RNIA_{t-1} \times NIAP_{t-1}$		0.108***		0.095***
$RNOAU_{t-1} \times NIAP_{t-1}$		-0.570***		-0.571***
$RNOAS_{t-1} \times NIAP_{t-1}$		0.201		0.218
$RNOAU_{t-1} \times FLEV_{t-1}$		0.117**		0.118**
$RNOAS_{t-1} \times FLEV_{t-1}$		-0.215***		-0.173**
$NBC_{t-1} \times FLEV_{t-1}$		-0.487***		-0.472***
常数项	-0.171***	-0.176***	-0.193***	-0.198***
调整后的 $r2$	0.558	0.581	0.554	0.575
N	9620	9620	10486	10486
F 值	27.269	43.89	32.323	40.534
预测绝对误差均值	0.07997	0.07916	0.07426	0.07071
均值差异	0.00081*		0.00355***	
预测绝对误差中位数	0.03874	0.03753	0.03809	0.03526
中位数差异	$z=0.242$		$z=3.593$***	

资料来源：作者计算整理，其中 * 代表 $p<0.1$；** 代表 $p<0.05$；*** 代表 $p<0.01$。均值差异的显著性采用配对样本 t 检验，中位数差异的显著性采用 wilcoxon 符号秩检验。

通过对两个模型的样本外预测绝对误差进行比较可以对两个模型的盈利预测能力进行对比。对比结果显示，2015—2019 年的样本外预测检测中，模型 6 - 1 预测绝对误差的均值或中位数都显著大于模型 6 - 2（其中 2015 年均值差异在 10% 水平上显著、中位数差异在 5% 水平上显著，2017 年中位数差异在 10% 水平上显著，2018 年均值差异在 10% 水平上显著，其他年份的均值和中位数差异均在 1% 水平上显著），说明模型 6－2 的预测准确度显著高于模型 6－1。即实证结果验证了改进后分类法能够比现行报表分类法提供更准确的盈利预测信息，改进后分类法在“预测价值”方面更有优势。

6.4　稳健性检验

为了保证检验结果的稳健性，做如下稳健性检验：

6.4.1　采用 GMM（广义矩估计）方法

本书采用的数据是 2007—2019 年中国 A 股上市公司的面板数据。虽然面板数据在一定程度上可以解决个体异质性问题，但如果回归模型本身包含内生解释变量，仍需采用工具变量法[133]。为了控制内生性问题对模型估计带来的影响，采用工具变量法对模型进行估计，以保证前述结果的稳健性。对模型的异方差性和序列自相关性进行检验，发现模型扰动项存在组间异方差和组内自相关①，参照陈强（2014）[133]，当模型中存在异方差或序列自相关时，工具变量法采用 GMM 估计（广义矩估计）最有效率②，因此采用 GMM 估计对模型进行估计。表 6－6 和表 6－7 列示了对 2015—2019 年进行样本外预测时的回归结果及预测绝对误差的均值和中位数，及不同模型之间预测绝对误差均值和中位数的差异程度。

在利用 GMM 估计对模型进行估计时，对工具变量的选取是最

---

① 在 Stata 中采用 xttest3 命令对模型进行组间异方差沃尔德检验，两个模型的 P 值均为 0.0000，说明模型存在异方差性；采用 xtserial 命令对模型进行组内自相关检验，两个模型的 P 值均为 0.0000，说明模型存在组内自相关，即序列相关性。

② 陈强（2014）：存在内生问题时，如果扰动项存在异方差或序列相关，“广义矩估计”是更有效的方法。

重要的工作。选取工具变量时，一是保证工具变量与内生解释变量相关，二是工具变量要与扰动项不相干。因此，要对工具变量进行弱工具变量检验和过度识别检验。经过反复测试，在对模型 6-1 进行估计时，选择滞后两期的 *GOE*、*LR* 作为工具变量（滞后一期的 *GOE* 为内生变量，滞后两期的 *GOE*、*LR* 与滞后一期的 *GOE* 相关，而与当期的扰动项基本无关），在对模型 6-2 进行估计时，选择滞后两期的 *RNOAU*、*RNIA*、*NIAP*、*FLEV*（滞后一期的 *RNOAU* 为内生变量，滞后两期的 *RNOAU*、*RNIA*、*NIAP*、*FLEV* 与滞后一期的 *RNOAU* 相关，而与当期的扰动项基本无关）作为工具变量。如表 6-6 和表 6-7 所示，进行弱工具变量检验的 *Kleibergen-Paap rk Wald F* 统计量都远大于 10% 偏误下的临界值，拒绝弱工具变量的原假设[①]。过度识别检验的 *Hansen's J* 统计量 *P* 值均大于 0.1，所选取的工具变量均为外生。通过各项检验指标可以得到，所选的工具变量基本合理，采用 *GMM* 方法进行的估计结果基本有效。

表 6-6　2015—2017 年 GMM 估计的样本内回归结果及样本外预测绝对误差

变量	2015 年		2016 年		2017 年	
	模型 6-1	模型 6-2	模型 6-1	模型 6-2	模型 6-1	模型 6-2
GOE_{t-1}	1.358***		1.370***		1.407***	
NOE_{t-1}	1.219***		1.030***		0.912***	
LR_{t-1}	0.014***		0.012***		0.009***	
$GOE_{t-1} \times LR_{t-1}$	-0.216***		-0.205***		-0.182***	
$NOE_{t-1} \times LR_{t-1}$	-0.571***		-0.474***		-0.451***	

① 详情参照 Stock, James H. and Motohiro Yogo, "Testing for Weak Instruments in Linear IV Regression." Ch. 5 in J. H. Stock and D. W. K. & Frank Kleibergen and Richard Paap. 2006. Generalized reduced rank tests using the singular value decomposition. J. Econ, 2005, 133, 1 (2006), 97-126.

续表

变量	2015年		2016年		2017年	
	模型6－1	模型6－2	模型6－1	模型6－2	模型6－1	模型6－2
Size	0.006 ***	0.005 ***	0.006 ***	0.005 ***	0.006 ***	0.005 ***
NOA_gr	0.007	－0.001	－0.006	－0.012	－0.030 *	－0.034 **
BVE_gr	0.384 ***	0.395 ***	0.378 ***	0.382 ***	0.356 ***	0.356 ***
LIA_gr	－0.039 ***	－0.027 ***	－0.033 ***	－0.022 ***	－0.017 **	－0.009
$RNOAU_{t-1}$		0.788 ***		0.805 ***		0.862 ***
$RNOAS_{t-1}$		0.274 ***		0.261 ***		0.297 ***
$RNIA_{t-1}$		－0.002		－0.002		0.002
NBC_{t-1}		－0.060 *		－0.033		－0.065 *
$FLEV_{t-1}$		0.012 *		0.012 **		0.012 **
$NIAP_{t-1}$		0.056 ***		0.054 ***		0.061 ***
$RNIA_{t-1} \times NIAP_{t-1}$		0.168 ***		0.151 ***		0.122 **
$RNOAU_{t-1} \times NIAP_{t-1}$		－0.559 ***		－0.583 ***		－0.646 ***
$RNOAS_{t-1} \times NIAP_{t-1}$		－0.275 *		－0.249 *		－0.129
$RNOAU_{t-1} \times FLEV_{t-1}$		0.012		0.025		0.049
$RNOAS_{t-1} \times FLEV_{t-1}$		－0.239 ***		－0.228 ***		－0.290 ***
$NBC_{t-1} \times FLEV_{t-1}$		－0.366 ***		－0.412 ***		－0.467 ***
常数项	－0.167 ***	－0.140 ***	－0.175 ***	－0.147 ***	－0.145 ***	－0.117 ***
调整后的 *r*2	0.594	0.628	0.581	0.616	0.562	0.597
N	6054	6054	7303	7303	7732	7732
F 值	76.754	72.716	85.345	81.929	84.505	80.147
Kleibergen－Paap rk Wald F 统计量	233.010	468.953	296.456	519.721	314.623	421.796
10% *maximal IV size*	19.93	19.93	19.93	19.93	19.93	19.93
Hansen's J 统计量	1.421 (p＝0.2332)	0.945 (p＝0.3309)	2.051 (p＝0.1521)	1.294 (p＝0.2553)	1.290 (p＝0.256)	2.135 (p＝0.144)
预测绝对误差均值	0.08190	0.08048	0.08067	0.07979	0.06560	0.06781

续表

变量	2015 年		2016 年		2017 年	
	模型 6 - 1	模型 6 - 2	模型 6 - 1	模型 6 - 2	模型 6 - 1	模型 6 - 2
均值差异（模型 6 - 1 VS 模型 6 - 2）	0.001419 *		0.0008843		-0.0022096	
预测绝对误差中位数	0.05012	0.04951	0.05199	0.05342	0.03642	0.03546
中位数差异（模型 6 - 1 VS 模型 6 - 2）	z = 2.433 ***		z = 1.987 **		z = 4.652 ***	

资料来源：作者计算整理，其中 * 代表 $p<0.1$；** 代表 $p<0.05$；*** 代表 $p<0.01$。均值差异的显著性采用配对样本 t 检验，中位数差异的显著性采用 wilcoxon 符号秩检验。

表 6 - 7　2018—2019 年 GMM 估计的样本内回归结果及样本外预测绝对误差

变量	2018 年		2019 年	
	模型 6 - 1	模型 6 - 2	模型 6 - 1	模型 6 - 2
GOE_{t-1}	1.402 ***		1.325 ***	
NOE_{t-1}	0.864 ***		0.688 ***	
LR_{t-1}	0.008 ***		0.006 ***	
$GOE_{t-1} \times LR_{t-1}$	-0.166 ***		-0.150 ***	
$NOE_{t-1} \times LR_{t-1}$	-0.440 ***		-0.306 **	
Size	0.006 ***	0.006 ***	0.007 ***	0.007 ***
NOA_gr	-0.053 ***	-0.059 ***	-0.070 ***	-0.076 ***
BVE_gr	0.341 ***	0.346 ***	0.354 ***	0.357 ***
LIA_gr	-0.003	0.005	-0.001	0.006
$RNOAU_{t-1}$		0.883 ***		0.808 ***
$RNOAS_{t-1}$		0.094		0.054
$RNIA_{t-1}$		0.002		0

续表

变量	2018 年		2019 年	
	模型 6－1	模型 6－2	模型 6－1	模型 6－2
NBC_{t-1}		－0.037		－0.017
$FLEV_{t-1}$		0.012 **		0.009 *
$NIAP_{t-1}$		0.070 ***		0.058 ***
$RNIA_{t-1} \times NIAP_{t-1}$		0.109 **		0.147 ***
$RNOAU_{t-1} \times NIAP_{t-1}$		－0.758 ***		－0.660 ***
$RNOAS_{t-1} \times NIAP_{t-1}$		0.011		0.139
$RNOAU_{t-1} \times FLEV_{t-1}$		0.04		0.064
$RNOAS_{t-1} \times FLEV_{t-1}$		－0.157 **		－0.112
$NBC_{t-1} \times FLEV_{t-1}$		－0.519 ***		－0.503 ***
常数项	－0.129 ***	－0.130 ***	－0.179 ***	－0.183 ***
调整后的 $r2$	0.534	0.575	0.529	0.565
N	8093	8093	8541	8541
F 值	79.731	79.149	79.758	77.219
Kleibergen－Paap rk Wald F 统计量	283.058	476.389	305.374	758.813
10% *maximal IV size*	19.93	19.93	19.93	19.93
Hansen's J 统计量	0.480 (p＝0.4886)	0.042 (p＝0.8378)	0.144 (p＝0.7047)	0.057 (p＝0.8120)
预测绝对误差均值	0.09201	0.09093	0.07722	0.07311
均值差异（模型 6－1 VS 模型 6－2）	0.0010793 *		0.004109 ***	
预测绝对误差中位数	0.04909	0.04573	0.03858	0.03457
中位数差异（模型 6－1 VS 模型 6－2）	z＝2.996 ***		z＝1.714 *	

资料来源：作者计算整理，其中＊代表 $p<0.1$；＊＊代表 $p<0.05$；＊＊＊代表 $p<0.01$。均值差异的显著性采用配对样本 t 检验，中位数差异的显著性采用 wilcoxon 符号秩和检验。

从表6-6和表6-7可以看到，2015—2019年5年的样本外预测检测中，除了2016年和2017年预测绝对误差的均值没有显著性差异外，其他年份模型6-1预测绝对误差的均值显著大于模型6-2，而所有年份模型6-1预测绝对误差的中位数均显著大于模型6-2，说明模型6-2的预测准确度显著高于模型6-1。此结论证实了前述结论的稳健性，即改进后分类法能够比现行报表分类法提供更精确的盈利预测信息。

6.4.2 改变货币资金的归类方法

企业持有货币资金的动机具有多样性，可以根据其持有目的区分经营性货币资金或投资性货币资金，但在实务中明确规定货币资金的归类可操作性比较差，企业可以根据具体情况进行划分。共有三种方法选择，一是全部计入经营活动，二是全部计入投资活动，三是按照公司历史或行业平均“货币资金/销售收入”百分比以及本期销售额推算经营性货币资金，其余部分列为投资性货币资金（简称货币资金按历史占比法分类）。上文将货币资金全部划为经营性资产进行实证检验，本部分采取后两种方法进行稳健性检验，检验的方法和模型与上文一致。表6-8列出了将货币资金划分为投资性资产后2015—2019年样本外检验预测绝对误差结果。

表6-9列出了将货币资金按照历史占比法分类后2015—2019年样本外检验预测绝对误差结果。从表6-8和表6-9都可以看到，模型6-1的预测绝对误差均值或中位数显著高于模型6-2，结论与前文基本一致，不影响前述结果的稳健性。

6.4.3 进一步分析：与经营活动/金融活动分类法的比较

前文已经介绍了在财务报表分析中经常用到的经营活动/金融活动分类法。在此种分类方法下，将企业的对外投资活动和筹资活动划为一类，并称为金融活动。参照公式（6-3），在忽略 *other*

表 6－8　货币资金划分为投资性资产后 2015—2019 年样本外预测绝对误差

变量	2015 年		2016 年		2017 年		2018 年		2019 年	
	模型 6－1	模型 6－2	模型 6－1	模型 6－2	模型 6－1	模型 6－2	模型 6－1	模型 6－2	模型 6－1	模型 6－2
预测绝对误差均值	0.08319	0.08157	0.07496	0.07341	0.06128	0.06032	0.07606	0.07604	0.07056	0.06805
预测绝对误差中位数	0.04616	0.04671	0.04272	0.04108	0.03490	0.03464	0.03778	0.03865	0.03650	0.03613
均值差异（模型 6－1 VS 模型 6－2）	0.00162***		0.00155***		0.00655**		0.00002		0.00251***	
中位数差异（模型 6－1 VS 模型 6－2）	$z=2.945$***		$z=1.745$*		$z=1.006$		$z=-1.736$*		$z=0.278$	

资料来源：作者计算整理，其中 * 代表 $p<0.1$；** 代表 $p<0.05$；*** 代表 $p<0.01$。均值差异的显著性采用配对样本 t 检验，中位数差异的显著性采用 wilcoxon 符号秩和检验。

表 6－9　货币资金按历史占比法分类后 2015—2019 年样本外预测绝对误差

变量	2015 年		2016 年		2017 年		2018 年		2019 年	
	模型 6－1	模型 6－2	模型 6－1	模型 6－2	模型 6－1	模型 6－2	模型 6－1	模型 6－2	模型 6－1	模型 6－2
预测绝对误差均值	0.08337	0.08158	0.07572	0.07397	0.06277	0.06147	0.08128	0.08059	0.07462	0.07106
预测绝对误差中位数	0.04595	0.04685	0.04216	0.04129	0.03514	0.03589	0.03945	0.03808	0.03782	0.03627
均值差异（模型 6－1 VS 模型 6－2）	0.00179***		0.00176***		0.00129***		0.00068**		0.00355***	
中位数差异（模型 6－1 VS 模型 6－2）	$z=4.154$***		$z=2.073$**		$z=0.621$		$z=-1.165$		$z=2.048$**	

资料来源：作者计算整理，其中 * 代表 $p<0.1$；** 代表 $p<0.05$；*** 代表 $p<0.01$。均值差异的显著性采用配对样本 t 检验，中位数差异的显著性采用 wilcoxon 符号秩和检验。

items 的情况下，公式（6－3）简化为：

$$ROE = RNOA + FLEV \times (RNOA - NBC) \quad (6-8)$$

此时，*FLEV* 为净金融负债（金融性负债减去金融性资产）与股东权益的比率；*NBC* 为净筹资费用（利息费用减去金融资产收益的净额）。在此公式的基础上，财务报表分析领域扩展了传统的杜邦分析法并形成了改进后的杜邦分析法。此种分类法会提高财务信息对未来盈利的预测能力吗？这种分类方法与本书提出的改进后分类法相比，哪种分类法可以提供更加精确的预测信息呢？

参照公式（6－8），构建（模型6－3）来衡量经营活动/金融活动分类法下各组成部分的盈利预测能力。

$$ROE_{i,t} = \alpha_0 + \beta_1 RNOA_{i,t-1} + \beta_2 FLEV1_{i,t-1} + \beta_3 NBC1_{i,t-1} + \varepsilon_{i,t} \quad (\text{模型}6-3)$$

在（模型6－3）中，*RNOA* 为经营活动损益率，*FLEV*1 为净金融负债（金融性负债减去金融性资产）与股东权益的比率；*NBC*1 为净筹资费用（利息费用减去金融资产收益的净额）与净金融负债之间的比率。与前边模型的设置一致，在模型中加入 *FLEV*1 与 *RNOA*、*NBC*1 的交乘项，并采取与前文一致的方法加入控制变量。这一部分的预测方法也与前边一致，采用样本外预测检验的方法来检测（模型6－3）分别与（模型6－1）以及（模型6－2）的盈余预测准确度差异。

表6－10　不同模型之间样本外预测绝对误差差异程度

模型	年份	预测绝对误差均值差异		预测绝对误差中位数差异	
		差异值	*P* 值	*Z* 值	*P* 值
模型6－1 VS 模型6－3	2015	－0.00321***	0.0000	－7.596***	0.0000
	2016	－0.00162***	0.0025	－4.121***	0.0000
	2017	－0.00078**	0.0473	－1.202	0.2292
	2018	－0.00121***	0.0062	－3.454***	0.0006
	2019	－0.00089**	0.0273	－3.033***	0.0024

续表

模型	年份	预测绝对误差均值差异		预测绝对误差中位数差异	
		差异值	P 值	Z 值	P 值
模型 6－2 VS 模型 6－3	2015	－0.00597***	0.0000	－12.043***	0.0000
	2016	－0.00275***	0.0003	－5.935***	0.0000
	2017	－0.00236***	0.0000	－4.405***	0.0000
	2018	－0.00202***	0.0007	－4.469***	0.0000
	2019	－0.00444***	0.0000	－8.238***	0.0000

注：均值差异的显著性采用配对样本 t 检验，中位数差异的显著性采用 wilcoxon 符号秩和检验，*** 代表 $p<0.01$，** 代表 $p<0.05$，* 代表 $p<0.1$。数据来源于作者计算整理，不同模型的预测绝对误差值见附录 2。

表 6－10 列出了不同模型之间预测绝对误差的结果及其差异程度。从结果可以看到，（模型 6－1）在 2015—2019 年的样本外检测中预测绝对误差显著低于（模型 6－3），即现行报表分类法的盈利预测准确度比经营活动/金融活动分类法更高，此结论与 Esplin et al.（2014）[11]的结论是一致的。比较（模型 6－2）和（模型 6－3）的预测绝对误差后发现，（模型 6－2）的预测绝对误差均值和中位数都显著小于（模型 6－3），即改进后分类法的盈利预测能力准确度比经营活动/金融活动分类法的准确度高。

6.5 本章研究结论

本章采用样本外预测方法检验改进后分类法、现行报表分类法及经营活动/金融活动分类法下盈余指标对未来盈利的预测能力，研究结论如下：

（1）2015—2019 年（模型 6－1）和（模型 6－2）的样本外预测绝对误差对比显示，改进后分类法的盈利预测绝对误差无论从均值还是中位数，均显著小于现行报表分类法，说明改进后分类法可以提供比现行报表分类法更加准确的盈利预测信息。从提高盈利预测性上来讲，改进后分类法提供的改进后报表核心信息可以帮助投资者更好的预测主体未来的盈利能力，从而为其投资决策提供更好的信息支持。

（2）2015—2019 年（模型 6 - 2）和（模型 6 - 3）的样本外预测绝对误差对比显示，改进后分类法的盈利预测绝对误差从均值或中位数会显著小于经营活动/金融活动分类法，说明改进后分类法可以提供比经营活动/金融活动分类法更加准确的盈利预测信息。因此改进后分类法能够提供更加准确的信息来帮助投资者预测主体未来的盈利能力。此外，2015—2019 年（模型 6 - 1）和（模型 6 - 3）的样本外预测绝对误差对比显示，经营活动/金融活动分类法的盈利预测绝对误差显著大于现行报表分类法，因此，现行报表分类法的盈利预测能力比经营活动/金融活动分类法更好。

第7章 企业财务报表分类列报改进后信息的价值相关性分析

根据有效资本市场假说和决策有用性的信息观，会计信息会反映在证券价格中，此即会计信息的价值相关性。根据剩余收益理论，公司的股票价值取决于公司未来剩余收益的现值，而决定公司的未来剩余收益的关键因素是公司的盈余相关信息。众多学者对盈余信息是否具有价值相关性展开了一系列研究，研究表明，我国上市公司的会计盈余信息具有价值相关性（Bao & Chow，1999[85]；Chen et al.，2002[86]；陈信元等，2002[87]；王鑫，2013[134]；李梓，2016[125]等）。在本书第 4 章的理论分析中，将投资者投入企业的资金划分为净经营性资产和净投资性资产，将企业盈余信息分为经营活动经常性损益、经营活动非常损益和投资活动损益信息，并将这些数据构成的资金运用效率信息认定为能够为投资者决策提供帮助的核心信息。本书第 6 章证实了改进后报表核心信息的盈利预测能力比现行报表信息更强，从而对投资者更有用。那在我国资本市场中，投资者会重视这些核心信息的提供吗？投资者对这些盈余指标的反映程度会不一样吗？本章从股票市场的价值相关性方面来验证财务报表分类列报改进后信息的有用性。

7.1 理论分析与研究假设的提出

如果会计数据中包含对股权投资者而言重要和可依赖的信息，就认为此会计数据是价值相关的，按照有效资本市场假说，此信息便会反映在股票价格中。因此，价值相关性被定义为会计数据与股票股价或其变化之间的关系（Holthausen & Watts，2001[57]；Barth et al.，2001[135]）。

本书第3章中详细论述了Ohlson（1995）的剩余收益模型。在理想状态及清洁盈余假定①下，公司的市场价值可以用下列公式来表示［此公式为公式（3-1）的简写］，即：

$$P_t = B_t + E_t \tag{7-1}$$

其中 P_t 表示公司在 t 时的价值，B_t 为公司 t 期资产负债表中净资产的账面价值，E_t 为预期未来剩余收益 RE_t 的现值。参照公式（3-3），剩余收益 RE 由公司的权益报酬率 ROE 和净资产的账面价值 B 决定，由此得出公司的市场价值可以由公司净资产的账面价值和权益报酬率来解释，即：

$$P_t = \alpha_0 + \beta B_t + \gamma ROE_t + \varepsilon \tag{7-2}$$

其中，P_t 为公司在 t 时的价值，B_t 为公司净资产的账面价值，ROE_t 为公司的权益报酬率。

基于本书第4章中对企业经济活动的改进后分类法，可以将权益报酬率 ROE 做进一步分解，即第6章中的公式（6-6）：

$$ROE = RNOAU + RNOAS + \frac{NIA}{CSE} \times (RNIA - RNOAU - RNOAS +$$

① 清洁盈余假定，即假定公司的所有的利得和损失都在利润表中反映，所有引起净资产变动的活动都应该在利润表里反映，即“全面收益观”。

$$FLEV \times (RNOAU + RNOAS - NBC) \tag{7-3}$$

结合公式（7-2）和公式（7-3）可以得出，公司的价值可以通过公司净资产的账面价值以及公司各资金运用效率指标来决定。本书第 4 章提到，不管是经营活动还是投资活动，都是可以为企业创造价值的营业活动，都是企业经济活动不可或缺的一部分。但是从两者对公司价值的贡献上看，经营活动是企业的主营活动，其带来的经常性盈余即核心盈利具有可持续增长的可能，是企业价值增长的基础（Penman，2013[10]）。经营活动经常性损益率 *RNOAU* 则体现了企业核心经营业务的获利能力，代表了企业的核心竞争力，应该是对企业价值有比较大的影响。由非经常性、暂时性项目构成的非经常性盈余持续力较差，对企业价值影响相对较小。投资活动损益受各种外在因素影响较大，风险程度较高，也无法体现公司的业务核心竞争力，因此推测其与股价的价值相关性也会相对较小。不同盈余组成部分对使用者估计企业价值具有不同的影响程度，收益持续性越高，对评价企业价值的作用就越大，反之则越小（李梓，2016[125]）。因此提出下列假设：

H7-1：各盈余指标都具有价值相关性；

H7-2：各盈余指标价值相关性显著程度不同。

根据 Ohlson（1999）[44]的观点，价值相关性对评估盈余的构成部分非常重要，具有不同的价值相关性的不同盈余组成部分，应该区分列报。因此，如果假设 H7-1 和 H7-2 得到证实，就应该将各盈余指标区分列报，以满足投资者的信息需求。

7.2 研究设计

7.2.1 模型设定及变量的定义

在公式（7 - 2）和公式（7 - 3）的基础上，参考 Soliman (2008)[42]、Cutillas - Gomariz 等（2016）[56]、王鑫（2013）[134]、李梓（2016）[125]等的做法，采用以下模型检验各盈余指标的价值相关性。

$$P_{i,t} = \alpha_0 + \beta OE_{i,t} + \gamma_1 RNOAU_{i,t} + \gamma_2 RNOAS_{i,t} + \gamma_3 RNIA_{i,t} + \gamma_4 FLEV_{i,t} + \gamma_5 NIAP_{i,t} + \gamma_6 NBC_{i,t} + \text{控制变量} + \varepsilon_{i,t} \quad \text{（模型 7 - 1）}$$

在（模型 7 - 1）中，P 为股票价格，采用公司财务报告公布后的股票价格（统一采用每年 4 月 30 日的股票收盘价格）；OE 为每股净资产；$RNOAU$ 为经营活动经常性损益率；$RNOAS$ 为经营活动非常损益率；$RNIA$ 为投资活动损益率；$NIAP$ 为净投资性资产所占份额，为公司净投资性投资与所有者权益的比率，即公式（7 - 3）中的$\frac{NIA}{CSE}$；NBC 为借款成本率，是筹资费用与金融性负债的比例；$FLEV$ 为金融杠杆，是企业金融性负债占股东权益的比例。在模型中，如果系数 >0 且具有统计上的显著性，则认为具有正向的价值相关性；如果系数 <0 具有统计上的显著性，则认为具有负向的价值相关性。

相关研究表明，公司的其他特征，如公司规模、流通股比例、会计信息质量、产权性质、收入的成长性、企业对内投入亦具有价值相关性。陈信元等（2002）[87]在研究会计信息的价值相关性时研究了公司规模和流通股比例在中国证券市场定价时的作用，研究结果证实了公司规模和流通股比例的价值相关性。袁淳、王平

(2005)[136]以交易所信息披露考评的结果作为会计信息质量的衡量指标，研究发现会计信息质量对会计盈余价值相关性具有显著影响。谢建等（2015）[137]发现，产权性质会影响投资者对会计信息价值相关性的判断。Collins & Kothari（1989）[138]的研究中发现，在成长能力比较强的企业中，盈余的价值相关性更强。杨中环(2013)[139]以 2007—2009 年上市公司为样本，发现我国企业对研发的投资具有较强的价值正相关性。因此，(模型 7－1）中的控制变量中应该加入公司规模、公司流通股比例、会计信息质量、产权性质、收入的成长性、企业对内投入，以控制这些因素对企业股价的影响。如下所示：

$$P_{i,t} = \alpha_0 + \beta OE_{i,t} + \gamma_1 RNOAU_{i,t} + \gamma_2 RNOAS_{i,t} + \gamma_3 RNIA_{i,t} + \gamma_4 FLEV_{i,t} + \gamma_5 NIAP_{i,t} + \gamma_6 NBC_{i,t} + \delta_1 Size_{i,t} + \delta_2 Share_{i,t} + \delta_3 Control_{i,t} + \delta_4 Audit_{i,t} + \delta_5 Grow_{i,t} + \delta_6 Invin_{i,t} + \varepsilon_{i,t} \quad (\text{模型 } 7-1)$$

本章所用的主要变量及其计算说明如表 7－1 所示。

表 7－1　　本章变量含义①及计算说明表

变量	指标	含义	计算
因变量	P	股票价格	年报公布日当月的月末收盘价（假定均在 4 月份公布）
自变量	$RNOAU$	经营活动经常性损益率	经营活动经常性损益/净经营性资产
	$RNOAS$	经营活动非常损益率	经营活动非常损益/净经营性资产
	$RNIA$	投资活动损益率	投资活动损益/净投资性资产
	OE	每股净资产	所有者权益/已流通股份
	$NIAP$	投资活动资金占比	净投资性资产/所有者权益
	NBC	借款成本率	利息费用②/金融性负债
	$FLEV$	金融杠杆	金融性负债/所有者权益

① 本表中的损益指标计算含义及计算方法同本书第 6 章表 6－1。

② 由于利息费用数据难以获取，用财务费用数据替代。

续表

变量	指标	含义	计算
控制变量	*Size*	公司规模	总资产的自然对数
	Share	流通股比例	已流通股份/总股数
	Control	股权性质	当上市公司为是国有企业时取 1，不是国有企业是取 0
	Audit	会计信息质量	采用审计意见作为替代变量，若当年审计意见为标准无保留意见，取 1；若为其他，取 0
	Grow	收入的成长性	营业总收入的增长率
	Invin	公司对内投入	购建固定资产无形资产和其他长期资产支付的现金/已流通股份

7.2.2 样本的选择与数据整理

本章选择 2001—2019 年 A 股上市公司作为研究样本，数据来源于国泰安 CSMAR 数据库。本书所使用的数据处理及统计分析软件为 STATA14.0。为保证数据的可靠性并尽量降低误差，本书对数据做了以下处理：剔除金融类上市公司，剔除数据缺失和异常的上市公司，剔除股东权益小于或等于 0 的公司。由于无法得到真正的利息费用信息，只能用财务费用信息代替，而财务费用中包含银行存款的利息收入，为了尽可能消除利息收入对数据的影响并减少异常数据的影响，剔除借款成本率（财务费用/金融性负债）小于 0 或大于 1 的数据。经过筛选，共得到 24464 个“公司—年度”样本观察值。为了控制极端值问题，本书对所有连续变量的极端值进行 1% 的 Winsorization 处理，令其值分别等于 1% 和 99% 的分位数。

7.3 实证检验结果及分析

7.3.1 主要变量的描述性统计分析及相关系数分析

（1）主要变量的描述性统计分析

表 7-2 列示了本章主要变量的描述性统计结果。从表中可以看到，经营活动经常性损益率（即企业核心利润率）为 7.18%，经营活动非常损益率为 -0.77%，投资活动损益率为 19.71%。从标准差来看，经营活动经常性损益率（即企业核心利润率）的标准差为 0.0928，经营活动非常损益率的标准差为 0.0495，而投资活动损益率的标准差为 0.8296，可以看到投资活动损益率在样本内的偏差比较大。净投资性资产占所有者权益的比率平均为 20.97%，说明所有者投入的资金有比较大的一部分用于对外投资活动。金融杠杆平均为 73.94%，说明从银行等金融机构贷款是上市公司非常重要的融资方式。中国 A 股上市公司 2001—2019 年平均每股净资产为 6.4466，平均每股市价为 11.7247。

表 7-2　本章主要变量的描述性统计结果

变量	N	mean	sd	min	p25	median	p75	max
RNOAU	24464	0.0718	0.0928	-0.2969	0.0309	0.0674	0.1123	0.4444
RNOAS	24464	-0.0077	0.0495	-0.3648	-0.0091	-0.0010	0.0041	0.1394
RNIA	24464	0.1971	0.8260	-0.8657	0.0000	0.0376	0.1318	8.2426
FLV	24464	0.7394	0.7588	-0.0467	0.2561	0.5150	0.9479	4.4953
NIAP	24464	0.2097	0.2679	-0.0407	0.0321	0.1058	0.2811	1.4019
OE	24464	6.4466	4.9629	-0.0475	3.2527	5.1019	8.0357	33.1816
P	24464	11.7247	9.5254	1.8400	5.8900	9.0100	14.2400	74.1400

资料来源：作者计算整理。

（2）变量之间的相关系数

表 7－3 列示了主要变量之间的相关系数，可以看到，股价和主要财务变量都存在显著的相关关系，说明股票价格可以与公司财务数据之间关系密切，财务信息具有价值相关性。其中，*RNOAU*、*RNOAS*、*RNIA* 与股价之间是显著的正相关关系，而 *FLEV*、*NIAP* 与股价之间是显著的负相关关系。此外，股价和大多数非财务变量之间也存在显著的相关关系。进一步对变量之间做 *VIF* 分析，结果显示 *VIF* 值为 1.37，显著小于 10，说明解释变量之间不存在多重共线性的问题。

7.3.2 实证结果与分析

本书所用样本属于面板数据，经检验应该采用包含时间效应的固定效应模型①进行回归分析。为了检验不同年份投资者对各盈余指标的反映，按照年份对样本进行分组。考虑到各组样本量的相对均衡性，将总体年份分为 2001—2007 年，2008—2014 年，2015—2019 年三个时间组，分别检验三个时间段内各个指标的价值相关性。表 7－4 列示了对模型 7－1 的整体检验结果和分时间段检验结果。

① 分别对模型应该采用普通最小二乘法还是固定效应、随机效应进行统计检验。首先对比普通最小二乘法和固定效应，*F* 值显著大于临界值，结果显示应该采用固定效应模型。其次对比固定效应和随机效应，Hausman 检验结果显示应该采用固定效应模型。对年度变量进行检验，结果强烈拒绝“无时间效应”的假设，即模型中应该包括时间效应。

表 7－3　本章变量间相关系数

变量	P	RNOAU	RNOAS	RNIA	FLEV	NIAP	NBC	OE	Size	Share	Control	Audit	Grow	Invin
P	1													
RNOAU	0.3198*	1												
RNOAS	0.0607*	0.1014*	1											
RNIA	0.0593*	-0.0387*	-0.0295*	1										
FLEV	-0.1692*	-0.1893*	0.0098	-0.0032	1									
NIAP	-0.1286*	-0.0785*	-0.0311*	-0.1027*	0.2440*	1								
NBC	0.0381*	0.0380*	-0.0567*	0.0617*	-0.0940*	-0.0151	1							
OE	0.3503*	0.2181*	0.0617*	0.0153	-0.1645*	-0.0977*	-0.0640*	1						
Size	-0.0051	0.1718*	0.008	-0.0043	0.2499*	-0.0429*	-0.1518*	0.1797*	1					
Share	-0.0343*	-0.0731*	-0.0601*	0.0410*	0.0814*	-0.0427*	0.0319*	-0.5173*	0.3009*	1				
Control	-0.1272*	-0.0449*	0.0992*	-0.0625*	0.1621*	0.1074*	-0.0724*	-0.0078	0.1690*	0.0021	1			
Audit	0.1080*	0.2461*	0.2151*	-0.0003	-0.1413*	-0.1214*	-0.0760*	0.1069*	0.1245*	0.0381*	0.0520*	1		
Grow	0.1672*	0.3606*	0.1250*	-0.0093	-0.0276*	-0.0625*	0.002	0.1445*	0.0644*	-0.1515*	-0.0221*	0.1470*	1	
Invin	0.2139*	0.1687*	0.0857*	-0.0081	0.0789*	-0.1286*	-0.0723*	0.5619*	0.1638*	-0.3427*	0.0446*	0.0937*	0.1593*	1

资料来源：作者计算整理，* 代表在 1% 水平上显著。

表 7-4　　　　模型 7-1 检验结果

变量	2001—2007 年	2008—2014 年	2015—2019 年	样本整体
RNOAU	11.640***	21.103***	15.490***	19.025***
RNOAS	-2.673	1.112	7.444***	3.177***
RNIA	-0.02	0.242**	0.228**	0.202***
FLEV	0.392	-1.376**	-0.534	-0.41
NIAP	-0.204	0.241	0.331	0.064
NBC	-0.118	-0.276	-5.069*	0.893
OE	0.462***	0.540***	0.788***	0.666***
Size	1.444***	-1.779***	-2.629***	-1.358***
Share	1.739	6.943***	7.497***	6.867***
Control	-0.095	0.407	-3.367***	-0.570*
Audit	-0.21	0.613	1.313***	0.013
Grow	0.124	0.625***	1.392***	1.031***
Invin	0.168**	0.750***	-0.068	0.457***
_cons	-23.411***	38.406***	63.368***	31.930***
r2	0.497	0.421	0.336	0.396
调整后的 *r2*	0.496	0.42	0.335	0.396
N	6665	8745	9054	24464
F	228.567	159.586	85.472	209.95

资料来源：作者计算整理。

从表 7-4 可以看到，从样本整体回归结果来看，各资金效率指标均具有显著的价值相关性，但其系数差异很大，说明不同指标对股价的影响程度显著不同。*RNOAU* 的系数比较高，说明股市投资者非常关注经营活动经常性损益率，即企业的核心竞争力。股市投资者也关心投资活动损益率和经营活动非常损益率，但对其关注程度要比经营活动经常性损益率要低很多，即投资者对不同盈余指标的关注程度不同。

通过比较三个时间段的回归结果可以看到，投资者对经营活动经常性损益率的关注程度一直非常显著。在 2008 年之前，经营活动非常损益率和投资活动损益率对股价的影响不具有显著性，说明投资者不关注经营活动非常损益率和投资活动损益率。而在 2008 年及以后，投资者不断提升对经营活动经常性损益率关注的同时，开始关注投资活动损益率。2015 年及以后，投资者关注投资活动损益率的同时关注经营活动非常损益率。因此，投资活动损益率指标信息和经营活动非常损益率指标信息的提供也很有必要。通过比较不同盈余指标的系数可以看到，投资者最关注经营活动经常性损益率，其次经营活动非常损益率，最后投资活动损益率。相关结论证实了假设 H7－1 和 H7－2，即不同盈余指标均具有价值相关性，但其价值相关性程度显著不同。不同盈余指标受股票投资者的关注程度有所不同，应该提供不同盈余指标的精确信息。在盈余指标中，投资者最为关注经营活动经常性损益率，财务报表应该提供与经营活动经常性损益及经营活动净资产的精确信息。观察各控制变量的参数可以看到，企业规模与股票价格呈显著负相关关系，而流通股比例是显著的正相关关系，这与陈信元等（2002）的研究是一致的。投资者越来越重视中介机构提供的审计意见（会计信息的质量），并越来越重视公司的成长性。

7.4　稳健性检验

为了保证上述检验结果的稳健性，做如下稳健性检验。

7.4.1　内生性问题的考虑

为了防止可能的遗漏变量带来的内生性问题，采用 GMM 估计（广义矩估计）对模型进行回归，以检验前述结果的稳健性。在进行 GMM 估计时，选择滞后一期的 *RNOAU*、滞后一期的 *RNIA* 作为工具变量，检验结果如表 7－5 所示。进行弱工具变量检验的 *Kleibergen－Paap rk Wald F* 统计量都远大于 10% 偏误下的临界值，拒绝弱工具变量的原假设①。过度识别检验的 *Hansen's J* 统计量 *P* 值均大于 0.1，所选取的工具变量均为外生。通过各项检验指标可以得到，所选的工具变量基本合理，采用 GMM 方法进行的估计结果基本有效。

从表 7－5 中可以看到，*RNOAU* 的系数具有统计上的显著性，说明投资者非常关注经营活动经常性损益率。将三个时间段的系数对比，可以看到，系数不断增加，说明投资者越来越关注经营活动经常盈余率。投资者不关注经营活动非常损益率，但从第二个时间段开始关注投资活动损益率，第三个时间段对投资活动损益率的关注的显著程度提高。投资者还比较关注投资性资金占比，但呈负相关关系，即投资性资产占比越高，股价越低。从变量系数的大小可以看到，投资者虽然从 2008 年起开始关注投资活动损益率，但是关注程度远不如经营活动经常性损益率。相关结果与表 7－4 的结论基本一致，证实了前述研究结果的稳健性。

表 7－5　　采用 GMM 估计的模型检验结果

变量	2001—2007 年	2008—2014 年	2015—2019 年	样本整体
RNOAU	25.628***	36.325***	40.652***	33.839***
RNOAS	－1.459	2.912	－0.012	2.049**
RNIA	－0.058	0.421**	0.432***	0.350***
FLEV	0.432***	0.043	0.353***	0.242***

① 详情参照 Stock, James H. and Motohiro Yogo (2005), "Testing for Weak Instruments in Linear IV Regression." Ch. 5 in J. H. Stock and D. W. K. & Frank Kleibergen and Richard Paap. 2006. Generalized reduced rank tests using the singular value decomposition. J. Econ. 133, 1 (2006), 97－126.

续表

变量	2001—2007 年	2008—2014 年	2015—2019 年	样本整体
NIAP	−0. 094	−0. 770 **	−1. 098 **	−0. 427 **
NBC	−0. 094	−2. 18	−4. 57	−1. 67
OE	0. 450 ***	0. 823 ***	1. 019 ***	0. 847 ***
Size	−0. 724 ***	−2. 002 ***	−2. 459 ***	−1. 998 ***
Share	4. 439 ***	7. 603 ***	10. 443 ***	7. 551 ***
Control	−0. 007	0. 1	−1. 416 ***	−0. 567 ***
Audit	−0. 998 ***	−0. 960 **	0. 111	−1. 169 ***
Grow	−0. 026	1. 223 ***	1. 248 ***	0. 932 ***
Invin	0. 215 ***	0. 501 ***	0. 868 ***	0. 469 ***
_cons	18. 084 ***	41. 946 ***	53. 052 ***	40. 874 ***
r2	0. 431	0. 397	0. 361	0. 381
r2_a	0. 429	0. 395	0. 36	0. 38
N	5131	7500	7094	19725
F	150. 9	133. 629	125. 103	243. 771
Kleibergen − Paap rk Wald F 统计量	454. 875	920. 600	709. 798	2028. 337
10% *maximal IV size*	19. 93	19. 93	19. 93	19. 93
Hansen's J 统计量	0. 496 (*P* =0. 4811)	0. 286 (*P* =0. 5931)	0. 848 (*P* =0. 3572)	0. 963 (*P* =0. 3264)

资料来源：作者计算整理。

7.4.2　改变货币资金的归类方法

企业持有货币资金的动机具有多样性，可以根据其持有目的区分经营性货币资金或投资性货币资金，但在实务中明确规定货币资金的归类可操作性比较差，企业可以根据具体情况进行划分。共有三种方法选择，一是全部计入经营活动，二是全部计入投资活动，三是按照公司历史或行业平均“货币资金/销售收入”百分比以及本期销售额推算经营性货币资金，其余部分列为投资性货币资金（简称货币资金按历史占比法分类）。上文将货币资金全部划为经营性资产进行实证检验，本部分采取后两种方法进行稳健性检验。所用的指标和模型与上文一致。

（模型 7 - 1）的检验结果如表 7 - 6 和表 7 - 7 所示。从表中可以看到，改变货币资金的归类方法后，实证结果与表 7 - 4 基本一致。投资者最关注经营活动经常性损益率，也会关注投资活动损益率，但关注程度明显降低。在 2015—2019 年时间段，投资者也会关注经营活动非常损益率，但关注程度远不如经营活动经常性损益率。研究结果证实了假设 H7 - 1 和 H7 - 2，即不同盈余指标均具有价值相关性，但其价值相关性程度显著不同。

表 7 - 6　将货币资金划分为投资性资产后（模型 7 - 1）检验结果

变量	2001—2007 年	2008—2014 年	2015—2019 年	样本整体
RNOAU	5.102***	10.019***	9.054***	8.927***
RNOAS	-0.66	0.853	6.171***	2.632***
RNIA	3.394*	4.135***	1.519*	2.754***
FLEV	0.228	-0.277	0.969	0.232
NIAP	-0.315*	0.119	0.081	-0.132
NBC	-1.583	0.379	-4.692*	0.639
OE	0.459***	0.529***	0.784***	0.651***
Size	1.316***	-1.431***	-2.804***	-1.315***
Share	1.698	6.434***	7.824***	6.555***
Control	-0.208	0.391	-2.940**	-0.717**
Audit	-0.036	0.807**	1.191***	0.249
Grow	0.568***	1.381***	1.666***	1.634***
Invin	0.176***	0.653***	0.119	0.472***
_cons	-20.530***	31.447***	66.831***	31.350***

续表

变量	2001—2007 年	2008—2014 年	2015—2019 年	样本整体
r2	0. 496	0. 414	0. 338	0. 388
r2_ a	0. 495	0. 413	0. 337	0. 387
N	6980	9527	9723	26230
F	247. 118	170. 827	88. 7	230. 775

资料来源：作者计算整理。

表 7－7　货币资金按历史占比法分类后（模型 7－1）检验结果

变量	2001—2007 年	2008—2014 年	2015—2019 年	样本整体
RNOAU	7. 352 ***	15. 067 ***	11. 336 ***	14. 092 ***
RNOAS	－0. 463	1. 701	5. 771 ***	2. 523 ***
RNIA	1. 508	3. 721 ***	1. 042 *	2. 105 ***
FLEV	－0. 077	0. 472	0. 756	0. 15
NIAP	－0. 262	－0. 019	0. 214	－0. 048
NBC	－2. 399	－0. 364	－8. 467 ***	－0. 754
OE	0. 435 ***	0. 578 ***	0. 730 ***	0. 663 ***
Size	1. 537 ***	－1. 627 ***	－2. 081 ***	－1. 402 ***
Share	2. 226	6. 784 ***	7. 373 ***	6. 715 ***
Control	－0. 128	0. 221	－3. 476 **	－0. 769 **
Audit	－0. 124	0. 615	1. 274 **	0. 037
Grow	0. 429 **	1. 001 ***	1. 717 ***	1. 386 ***
Invin	0. 205 ***	0. 652 ***	0. 089	0. 553 ***
_cons	－27. 857 ***	34. 939 ***	51. 301 ***	30. 511 ***
r2	0. 502	0. 426	0. 311	0. 397
r2_a	0. 5	0. 425	0. 31	0. 396
N	5710	8818	8540	23068
F	227. 154	167. 185	69. 785	209. 703

资料来源：作者计算整理。

7.4.3 进一步分析——考虑盈余指标波动性的价值相关性

通过第 4 章我们已经知道，报表使用者需要的不仅是与期望回报有关的信息，还需要与期望回报的不确定性（即风险）方面的信息。那盈余及各组成部分的不确定（即风险）信息是否被投资者关注并反映在股票价格中呢？

相关研究普遍采用波动性（volatility）来测量某项资产或盈余的风险（Barth，2004[126]；Allayannis et al.，2005[140]；Dichev & Tang2009[141]等）。谭洪涛等（2013）[124]认为盈余波动可以为投资者衡量企业价值提供额外信息，是重要的风险表征。周敏等（2009）[142]研究发现，盈余波动越大通常意味着公司经营与财务风险越大。Barth（2004）[126]认为，企业所在的宏观经济环境、行业环境及企业自身经营行为与盈余波动密切相关，也使盈余波动具有信息价值。此外，盈余波动增加了投资者对未来盈余判断的困难程度，形成一种信息障碍，盈余波动性越高，说明信息不确定性程度越高，人们对未来盈余的判断越困难，从而降低市场对公司的估值（Lang et al.，2004[143]；Zhang，2006[144]）。因此，盈余的波动性使盈余信息风险增大，这会使投资者在进行决策时考虑企业的经营与财务风险，以及信息本身的风险。因此，在（模型 7－1）的基础上，加入各盈余指标的波动性，来衡量盈余各指标及相关波动性的价值相关性。构建的模型如下：

$$P_{i,t} = \alpha_0 + \beta OE_{i,t} + \gamma_1 RNOAU_{i,t} + \gamma_2 RNOAS_{i,t} + \gamma_3 RNIA_{i,t} + \mu_1 RNOAU\_sd_{i,t} + \mu_2 RNOAS\_sd_{i,t} + \mu_3 RNIA\_sd_{i,t} + \theta_1 RNOAU_{i,t} \times RNOAU\_sd_{i,t} + \theta_2 RNOAS_{i,t} \times RNOAS\_sd_{i,t} + \theta_3 RNIA_{i,t} \times RNIA\_sd_{i,t} + \gamma_4 FLEV_{i,t} + \gamma_5 NIAP_{i,t} + \gamma_6 NBC_{i,t} + \delta_1 Size_{i,t} + \delta_2 Share_{i,t} + \delta_3 Control_{i,t} + \delta_4 Audit_{i,t} + \delta_5 Grow_{i,t} + \delta_6 Invin_{i,t} + \varepsilon_{i,t} \quad \text{（模型 7－2）}$$

其中，$RNOAU\_sd_{i,t}$、$RNOAS\_sd_{i,t}$、$RNIA_sd_{i,t}$分别代表经营活动经常性损益率的波动程度、经营活动非常损益率的波动程度、投资活动损益率的波动程度。借鉴 Hodder（2006）[145]，吕兆德、宿增睿（2016）[146]，李梓（2016）[126]的做法，采用3年作为一个滚动区间，计算各盈余指标的标准差来衡量各盈余指标的波动程度。波动程度通常与盈余指标本身共同影响投资者的判断，因此在各模型中加入各盈余指标与各盈余指标波动性的交乘项，来检验资本市场投资者在运用各盈余指标进行决策的过程中是否受到各盈余指标波动性的影响。为了消除交乘项对盈余各指标及波动性指标本身的影响，对交乘项进行中心化处理（变量各自减去其本身的样本均值）①。

表7-8列示了考虑盈余指标波动性后的（模型7-2）的整体检验结果和分时间段检验结果。从表7-8中可以看到，加入盈余指标波动性后，各盈余指标的回归系数及显著性程度与表7-4差别不大。投资者非常关注经营活动经常性损益率，并且在第二个时间段和第三个时间段开始关注投资活动损益率和经营活动非常损益率，但关注的程度明显不同。分析盈余指标和其波动程度的交乘项后发现，经营活动经常性损益率的波动性和经营活动非常损益率的波动性与股价之间具有显著的负相关关系，即波动程度越大，股价越低。投资者非常关注经营活动经常性损益率和经营活动非常损益率的波动性，而且投资者不喜欢两者的大幅度波动。分析不同时间段的系数可以看到，投资者对经营活动经常性损益率波动性的敏感程度不断提高，$RNOAU \times RNOAU\_sd$ 的系数的绝对值从第一个时间段的67.433到第二个时间段的102.731，再到第三个时间段的128.395。投资者对经营活动非常损益率波动性的敏感程度从2008

① 模型中如果加入交乘项，变量对因变量的边际影响不再是常数，而是随着交乘项中包含的另一变量的取值不同而发生变化。因此变量本身的系数便不再有意义。为了消除交乘项对变量本身系数的影响，采用中心化的方式，即加入交乘项中的为变量与变量本身样本均值的差，即变量的离差形式。经检验，此处理不会影响交乘项的系数。参照伍德里奇（2015）。

年起非常显著，而投资者虽然关注投资活动损益率和投资活动资金占比，但并不关注投资活动损益率的波动性。说明股票市场上的投资者越来越重视企业的核心竞争力以及核心竞争力的稳定性。此实证结果进一步证实了前述结论的稳健性。

表 7－8　　　　模型 7－2 检验结果

变量	2001—2007 年	2008—2014 年	2015—2019 年	样本整体
RNOAU	16.500***	24.978***	19.320***	22.171***
RNOAS	－3.522	5.859**	9.856***	6.500***
RNIA	0.227	0.486*	0.206*	0.272**
RNOAU_sd	6.985***	9.361***	9.291**	13.758***
RNOAS_sd	0.841	0.621	－14.335***	－5.701***
RNIA_sd	0.215	－0.067	0.15	0.089
RNOAU×*RNOAU_sd*	－67.433***	－102.731***	－128.395***	－102.865***
RNOAS×*RNOAS_sd*	17.799	－58.970*	－50.957***	－47.170***
RNIA×*RNIA_sd*	－0.118	－0.111	－0.033	－0.056
FLEV	－0.056	0.340*	0.421*	0.103
NIAP	0.078	－1.662***	－1.051*	－0.800**
NBC	0.602	0.589	－6.605**	0.387
OE	0.468***	0.514***	0.797***	0.653***
Size	1.538***	－1.955***	－2.400***	－1.427***
Share	2.207	6.692***	7.860***	6.777***
Control	－0.095	0.355	－3.562***	－0.585**
Audit	－0.153	0.634	1.114***	0.105
Grow	0.026	0.668***	1.211***	0.959***
Invin	0.147**	0.727***	－0.08	0.463***

续表

变量	2001—2007 年	2008—2014 年	2015—2019 年	样本整体
_ *cons*	-26.332***	41.711***	57.743***	32.756***
r2	0.507	0.43	0.341	0.413
r2_ a	0.505	0.429	0.339	0.412
N	6506	8497	8200	23203
F	171.082	121.443	61.162	177.078

资料来源：作者计算整理。

7.5　本章研究结论

通过本章的理论分析及实证检验，得出以下结论：

①分类列报改进后报表提供的核心信息即各盈余指标均具有显著的价值相关性。股票价格对中国 A 股上市公司的经营活动经常盈余率、经营活动非常损益率、投资活动损益率都比较敏感，均具有统计上的显著性。这也说明会计信息在我国股票市场具有显著的价值相关性，要想健康发展我国股票市场，提高上市公司会计盈余信息的质量是非常重要的。

②不同盈余指标的价值相关性程度显著不同。通过比较不同盈余指标的系数可以看到，投资者最关注经营活动经常性损益率，其次经营活动非常损益率，再次投资活动损益率。因此为了提高各盈余指标的有用性，应该精确反映各项盈余指标信息，对企业经营活动净资产、投资活动净资产以及相应的经营活动经常性损益、经营活动非常损益和投资活动损益进行分开列报。只有这样才能提供给投资者更为准确的信息，引导投资者作出正确的投资决策。

③经营活动经常性损益率与股价相关程度最为明显，说明投资

者非常关注经营活动经常性损益率。在考虑了各盈余指标的波动性后发现，投资者对经营活动经常性损益率波动性的敏感程度非常显著并逐步加强。这说明股票市场上的投资者非常重视上市企业的核心竞争力以及核心竞争力的稳定性。因此企业应该着力培育核心竞争力，努力提高主营业务和主营产品创造价值的能力。

企业财务报表分类列报改进的具体方案和案例分析

8.1　企业财务报表分类列报改进的具体方案

8.1.1　企业经济活动分类的规范

企业的日常会计处理不需要调整，在编制财务报表时将各报表项目按照经济活动的属性进行分类。将企业的经济活动划分为三大类，即经营活动、投资活动和筹资活动。具体分类如下：

(1) 经营活动

经营活动包括的范围比较广，凡是与企业主营业务相关的都应该属于经营活动。如销售商品、提供劳务、购买材料、接收劳务、产品研发、缴纳税费、购置固定资产无形资产、产品生产，等等。企业的经营活动的认定由于行业不同有很大差异，如对商业银行而言，经营活动应该包括吸收存款、发放贷款、同业拆借等。本书主要以工商企业为例来探讨经营活动的范围。

经营活动涉及资产负债表项目有货币资金、存货、应收账款、应收票据、预付款项、其他应收款、固定资产、在建工程、无形资产、开发支出、商誉、递延所得税资产、合同资产、应付票据及应付账款、预收款项、应付职工薪酬、应交税费、其他应付款、递延收益、递延所得税负债、合同负债等。企业持有这些资产或负债的目的是企业的生产经营活动而不是出售，因此上述资产或负债的公允价值对企业意义不大，因此，上述资产或负债在会计处理时宜采用历史成本为主的计量模式。

经营活动涉及的利润表项目有：营业收入、营业成本、税金及附加、管理费用、研发费用、与经营性资产有关的资产减值损失、其他收益、资产处置收益、营业外收入、营业外支出。其中营业外收入和营业外支出属于经营活动非经常性损益①。

经营活动涉及的现金流量表项目有：销售商品、提供劳务收到的现金、收到的税费返还、处置固定资产无形资产收到的现金、收到其他与经营活动有关的现金、购买商品接受劳务支付的现金、支付给职工以及为职工支付的现金、支付的各项税费、购买固定资产无形资产支付的现金、支付的其他与经营活动有关的现金。

（2）投资活动

企业从事的对外投资活动，具体指企业将资金投向企业外部形成的资产或负债，以及与这部分资产或负债相关的损益。此部分资产或负债独立于或基本独立于企业本身的其他资产及负债。投资活动的具体内容包括：

企业持有的以投资为目的的金融资产及与之相关的金融负债，以及衍生工具、套期工具。企业持有该资产或负债的目的是获取与该金融工具相关的现金流量，包括合同规定的现金流量、该金融资产的出售或两者兼而有之。该类活动包括的资产负债表项目有：交易性金融资产、衍生金融资产、债权投资、其他债权投资、其他权益工具投资、其他非流动金融资产、衍生金融负债。

企业因对其他单位进行权益性投资而持有的被投资单位的股份

① 按照2008年证监会发布的《公开发行证券的公司信息披露解释性公告第1号——经常性损益（2008）》规定，因不可抗力因素，如遭受自然灾害而计提的各项资产减值准备应该计入非经常性损益。

或股权，包括对合营企业投资、对联营企业投资及对子公司的投资。该类活动包括的资产负债表项目为长期股权投资。

企业持有的以赚取租金或资本增值，或两者兼而有之的投资性房地产。持有投资性房地产的目的是赚取使用费收入或增值收益，因此投资性房地产具有金融资产的属性。该类活动包括的资产负债表项目为投资性房地产。

企业进行的上述活动共同点是独立或基本独立于企业的日常经营活动中持有的资产，属于企业的对外投资活动。由于该类投资活动相对独立，受市场影响比较大，其风险程度也比较高，因此在核算时如果符合条件宜采用公允价值计量模式。核算该类活动涉及的利润表项目有投资收益、公允价值变动损益、净敞口套期收益、与金融资产相关的资产减值损失、信用减值损失、其他综合收益。

投资活动涉及的现金流量表项目有：收回投资收到的现金、取得投资收益收到的现金、处置子公司及其他营业单位收到的现金净额、收到的其他与投资活动有关的现金、投资支付的现金、取得子公司及其他营业单位支付的现金净额、支付其他与投资活动有关的现金。

（3）筹资活动

企业筹集资金的活动，主要包括企业向银行等金融机构借款、发行企业债券等的债权筹资活动和股权筹资活动。该类活动涉及的资产负债表项目主要有短期借款、应付利息、应付股利、交易性金融负债、长期借款、应付债券、具有融资性质的长期应付款、其他非流动负债以及所有的所有者权益项目。在利润表中，应该有项目精确列示金融性负债的利息金额，即债权投资者的收益，既包括费用化的包含在“财务费用”中的利息费用及其手续费，也应该包括在“在建工程”中计的专用借款的利息费用及其手续费。

筹资活动涉及的现金流量表项目有：吸收投资收到的现金、取得借款收到的现金、收到其他与筹资活动有关的现金、偿还债务支付的现金、分配股利、利润或偿付利息支付的现金、支付其他与筹资活动有关的现金。

8.1.2 改进后基本财务报表的具体列示和项目填列方法

(1) 资产负债表的改进

表8-1为改进后的资产负债表，按照改进后的会计等式“资金=金融性负债+所有者权益”来反映企业资金来源与运用的存量信息。此表左侧为资金运用信息，右侧为资金来源信息。此外，在左侧具体项目列示时，按照经济活动分类以及流动性对各项目进一步归类。具体项目列示及项目的填列方法说明详细见表8-1及其注释部分。

表8-1　　改进后资产负债表样式列示

编制单位：　　　　年　　月　　日　　　　单位：元

资金运用	期末余额	年初余额	资金来源	期末余额	年初余额
经营活动中资金运用			**金融性负债**		
其中：经营性流动资产			**其中：流动负债**		
货币资金①			短期借款		
应收票据及应收账款②			应付利息		
预付款项			应付股利		
其他应收款			一年内到期的非流动负债（融资性）		
存货			其他非流动负债（融资性）		
合同资产			交易性金融负债		
持有待售资产			**流动负债合计**		
一年内到期的非流动资产（经营性）③					
其他流动资产（经营性）					

续表

资金运用	期末余额	年初余额	资金来源	期末余额	年初余额
经营性流动资产合计					
减：经营性流动负债					
应付票据及应付账款					
预收款项					
合同负债					
应付职工薪酬					
应交税费					
其他应付款					
持有待售负债					
一年内到期的非流动负债（经营性）[4]					
其他流动负债（经营性）					
经营性流动负债合计					
经营活动营运资金[5]合计					
经营性长期资产[6]：			**非流动负债：**		
固定资产			长期借款		
在建工程			应付债券		
无形资产			其中：优先股		
开发支出			永续债		
商誉			长期应付款（融资性）[14]		
长期应收款			其他非流动负债（融资性）		
长期待摊费用					
递延所得税资产			**非流动负债合计**		
其他非流动资产（经营性）					
经营性长期资产合计			**金融性负债合计**		
减：经营性长期负债					

续表

资金运用	期末余额	年初余额	资金来源	期末余额	年初余额
长期应付款（经营性）					
预计负债					
递延收益					
递延所得税负债					
经营性长期负债合计					
经营活动长期资金⑦合计					
经营活动资金运用合计⑧					
投资活动中资金运用			**所有者权益（或股东权益）**		
交易性金融资产			实收资本（或股本）		
衍生金融资产			其他权益工具		
减：衍生金融负债			其中：优先股		
投资活动营运资金⑨合计			永续债		
投资性房地产⑩			资本公积		
债权投资			减：库存股		
其他债权投资			其他综合收益		
长期股权投资			盈余公积		
其他权益工具投资			未分配利润		
其他非流动金融资产			少数股东权益		
投资活动长期资金合计⑪			归属于母公司所有者权益合计		
投资活动资金运用合计⑫			**所有者权益（股东权益）合计**		
资金运用总计⑬			**资金来源总计⑮**		

注释：①货币资金持有动机具有多样性，企业可以根据其持有目的划分经营性货币资金或投资性货币资金。参考管理用财务报表的编制方法，共有三种选择，一是全部计入经营活动；二是全部计入投资活动；三是按照公司历史或行业平均“货币资金/销售收入”百分比以及本期销售额，推算货币资金（经营性），其余部分列为货币资金（投

资性）。

②关于应收票据，对企业持有的票据，不管是带息票据还是不带息票据，其持有都是在经营交易过程中产生的，因此都视为经营活动。

③需要按照经济性质将一年内到期的非流动资产进行合理划分，分为经营性和投资性两类。与之分类方法相同的还有其他流动资产、其他非流动资产。

④需要按经济性质将一年内到期的非流动负债进行合理划分，分为经营性和融资性两类。与之分类方法相同的还有其他流动负债、长期应付款。

⑤经营活动营运资金 = 经营性流动资产 - 经营性流动负债

⑥经营性非流动资产还包括生产性生物资产、油气资产。

⑦经营活动长期资金 = 经营性长期资产 - 经营性长期负债

⑧经营活动资金运用合计 = 经营活动营运资金 + 经营活动长期资金

⑨投资活动营运资金 = 投资性流动资产 - 投资性流动负债 = 交易性金融资产 + 衍生金融资产 - 衍生金融负债

⑩投资性房地产是指企业持有的为了赚取租金或资本增值，或两个目的兼有的房地产。此部分资产与企业的经营活动无关，应该属于企业的投资活动。

⑪投资活动长期资金 = 投资性房地产 + 债权投资 + 其他债权投资 + 长期股权投资 + 其他权益工具投资 + 其他非流动金融资产

⑫投资活动资金运用合计 = 投资活动营运资金 + 投资活动长期资金

⑬资金运用总计 = 经营活动资金运用合计 + 投资活动资金运用合计

⑭长期应付款（融资性）主要是由于融资租赁业务产生的长期应付款。

⑮资金来源总计 = 金融性负债合计 + 股东权益合计

（2）利润表的改进

表 8 - 2 为改进后的利润表，反映企业的资金回报与增值信息。在改进后的利润表中，将企业的资金回报分为两大部分即经营活动损益和投资活动损益，两者合计即企业营业活动产生的损益总额息税前利润。在经营活动损益部分，单独列示经营活动经常性损益。净利润指标后单独列示其他综合收益。此外，单独列示债权人收益总额，包括费用化的利息费用和资本化的利息费用两部分。具体项目及详细填列信息见表 8 - 2 及注释部分。

表 8－2　　　　改进后利润表样式列示

编制单位　　　　　　　　　　年　　月　　　　　　　　　　单位：元

项目	本年数	上年数
一、营业收入		
减：营业成本		
营业税金与附加		
销售费用		
管理费用		
研发费用		
资产减值损失（经营性资产）①		
信用减值损失（经营性资产）		
加：其他收益		
资产处置损益		
二、经营活动经常性损益		
加：营业外收入		
减：营业外支出		
三、经营活动损益②		
四、投资活动损益③		
投资收益		
其中：对联营企业和合营企业的投资收益		
利息收入		
公允价值变动收益		
减：资产减值损失（投资性资产）④		
信用减值损失（投资性资产）⑤		
五、息税前利润总额⑥		
减：利息费用⑦		
所得税费用		
六、净利润		
七、其他综合收益		
八、综合收益总额		
九、债权人收益总额⑧		

注释：①此处资产减值损失列示由于经营性资产而产生的资产减值损失，此处经营

性资产与改进后资产负债表中经营性资产一致，主要包括应收账款、存货、固定资产、无形资产等。按照2008年证监会发布的《公开发行证券的公司信息披露解释性公告第1号——非经常性损益（2008）》规定，因不可抗力因素，如遭受自然灾害而计提的各项资产减值准备应该计入非经常性损益。因此，资产减值损失（经营性资产）也会计入经营活动非经常性损益。

②经营活动损益是企业经营活动产生的利润，包括经营活动经常性损益和经营活动非经常性损益两大类。经营活动非经常性损益为“与公司正常经营业务无直接关系，以及虽与正常经营业务相关，但由于其性质特殊和偶发性，影响报表使用人对公司经营业绩和盈利能力作出正常判断的各项交易和事项产生的损益”，主要在营业外收入和营业外支出中进行核算。因不可抗力因素，如遭受自然灾害而计提的各项资产减值准备也应该计入经营活动非经常性损益。

③投资活动损益反映企业投资活动产生的利润。包括投资收益、公允价值变动收益及相应投资性资产产生的减值损失。该行需要列示合计数。

④此处资产减值损失列示由于投资性资产而产生的资产减值损失，此处投资性资产与改进后资产负债表中投资性资产一致，主要包括债权投资、其他债权投资、长期股权投资、其他权益工具投资等。

⑤由于应收账款的坏账损失而产生的信用减值损失应该记在信用减值损失（经营性资产）。

⑥息税前利润总额 = 经营活动损益 + 投资活动损益

⑦利息费用反映企业因筹资活动而发生的费用，包括借款利息、手续费等。企业销售过程中产生的现金折扣应该作为营业收入的减项。企业由于外币业务发生的汇兑损益应该按照相应资产或负债的性质分别列入经营性损益或投资性损益，可以单列“汇兑损益”项目列示。

⑧债权人收益总额为由于金融性负债的发生而付给债权人的资金成本，包括资本化利息及费用化利息。

改进后的利润表不仅可以提供满足资金提供者需求的资金增值信息，还可以通过对经营活动损益和投资活动损益的计算反映企业资金在不同经济活动中的具体运用效果。进一步与资产负债表相结合，还可以得到“经营活动损益/经营活动资金运用合计”“投资活动损益/投资活动资金运用合计”两个相对值指标，此两个指标可以反映资金在不同经济活动领域中的运用效率。

(3) 现金流量表的改进

表8－3为改进后的现金流量表的主表。现行现金流量表已经将企业经济活动划分为了经营活动、投资活动和筹资活动三大类，但分类包含的内容与其他报表之间存在不一致的问题。企业固定资产与无形资产都是企业的经营过程中所运用的重要资产，因此企业购置固定资产、无形资产的活动以及企业处置固定资产、无形资产的活动都应该属于经营活动。表8－3在现行现金流量表的基础上将这两部分内容做了调整。

表8－3　改进后现金流量表（主表）样式列示

项目	本期金额	上年金额
一、经营活动产生的现金流量		
销售商品、提供劳务收到的现金		
收到的税费返还		
处置固定资产、无形资产收到的现金净额		
收到的其他与经营活动有关的现金		
经营活动现金流入小计		
购买商品、接受劳务支付的现金		
支付给职工以及为职工支付的现金		
支付的各项税费		
购建固定资产、无形资产支付的现金		
经营活动现金流出小计		
经营活动产生的现金流量净额		
二、投资活动产生的现金流量：		
收回投资收到的现金		
取得投资收益收到的现金		
处置投资性房地产收回的现金净额		
处置子公司及其他营业单位收到的现金净额		
收到其他与投资活动有关的现金		

续表

项目	本期金额	上年金额
投资活动现金流入小计		
购建投资性房地产所支付的现金		
投资支付的现金		
取得子公司及其他营业单位支付的现金净额		
支付其他与投资活动有关的现金		
投资活动现金流出小计		
投资活动产生的现金流量净额		
三、筹资活动所产生的现金流量：		
吸收投资收到的现金		
其中：子公司吸收少数股东投资收到的现金		
取得借款收到的现金		
收到其他与筹资活动有关的现金		
筹资活动现金流入小计		
筹资活动产生的现金流量净额		
四、汇率变动对现金及现金等价物的影响		
五、现金及现金等价物净增加额		
加：期初现金及现金等价物余额		
六、期末现金及现金等价物余额		

表 8 - 4 为改进后的现金流量表的附表。以经营活动损益作为调整的起点，首先扣除折旧、摊销等因素的影响，就可以得到经营活动税息折旧及摊销前利润，即经营活动 EBITDA 来反映利用经营活动创造现金的能力，即企业的经营活动造血能力。接着再计算企业资金在经营活动中的运用，包括在营运资金上的运用情况和在经营性长期资产上的投入情况，从而反映企业营运资金的管理状况和经营活动的战略部署。各项目及详细计算过程见表 8 - 4 及注释部分。

表 8-4　　　改进后现金流量表（附表）样式列示

项目	本年金额
1. **将经营活动净利润调节为经营活动现金流量**	
经营活动净利润①	
加：折旧与摊销②	
=经营活动 EBIDA③	
加：经营活动营运资金节约额④	
减：购建固定资产、无形资产增加⑤	
=经营活动产生的现金流量净额	
2. **不涉及现金收支的重大投资和筹资活动**⑥	
3. **现金及现金等价物净变动情况**	

注释：①经营活动净利润即企业经营活动创造的净利润，可以用改进后利润表中“经营活动损益”指标×（1-平均所得税率）来计算。

②本年计提的折旧与摊销，包括固定资产折旧、油气资产折耗、生产性生物资产折旧、无形资产摊销、长期待摊费用摊销。经营性资产如果计提了减值准备，也应该加上。

③经营活动 EBIDA 代表企业通过从事经营活动为企业带来的现金流量，反映企业经营活动创造现金的能力，即产品经营的造血能力。

④经营活动营运资金节约是企业在经营活动中压缩的流动资金，代表企业资金存量管理的成效，计算公式为：存货的减少+经营性应收项目的减少+经营性应付项目的增加+其他

⑤购建固定资产、无形资产增加为企业本期的资本支出，计算公式为购建固定资产、无形资产增加=净经营长期资产增加+折旧与摊销。净经营性长期资产=经营性长期资产-经营性长期负债，可以从改进后资产负债表中“经营活动长期资金合计”取数。

⑥2.3 部分与现行现金流量表相符，不再展开列示。

8.1.3　企业财务报表分类列报改进方案的可操作性分析

企业在对本企业经济活动各项目进行规范后，企业平时的账务处理按原账户进行操作即可。在编制报表时，需要按照不同经济活

动的分类对各账户及其明细账户进行归类，并按照改进后的报表样式修改财务软件中报表系统的项目公式，便可以利用财务软件自动生成相应的报表。修改后的财务报表公式可以保存模板，在以后使用时根据实际情况微调即可。因此，改进后财务报表的编制在实务中可操作性很强，不会造成企业编制成本的上升。对财务报表列报格式进行调整时，不需要对会计的基本假设、会计主体、会计要素等基本理论进行任何调整。因此，财务报表的分类列报模式也不会造成整个会计实务界学习成本的上升。

需要特别说明的是，由于在现行准则下企业没有对其经济活动业务项目的分类进行规范，如果单纯使用财务报表分析的方法从现有企业财务报表中寻找数据，在报表重构过程中需要对附注信息逐项分析，会大大提高报表使用者的分析成本，降低使用效率，而且分类的缺失会造成所需数据的缺失或不准确。此外，如果每次在对报表数据进行分析前，都需要对报表进行重构，会对报表使用者的财务知识有很大考验，从而大大提高报表使用者的学习和使用成本。因此，改变财务报表列报模式是提高会计信息有用性的同时考虑成本效益原则的最好方式。

8.2　案例分析——以复星医药为例

8.2.1　改进后的复星医药合并财务报表列示

本部分采用复星医药作为研究案例，对复星医药 2016—2019 年的合并资产负债表、合并利润表、合并现金流量表按照改进后的报表样式进行重构，然后根据重构后的数据分析改进后基本财务报表所能提供的信息，并将改进后信息与原财务指标信息进行对比。所运用资料为复星医药 2016—2019 年度财务报告中合并财务报表的资料（原始报表资料来源于巨潮资讯网）。

（1）改进后的资产负债表

表8－5为改进后的复星医药资产负债表。该报表左方列示投资者投入资金的运用情况，右方列示资金来源情况。左方分为“经营活动资金运用”与“投资活动资金运用”两大部分，并分别按流动性进行进一步分类。经营性流动资产减经营性流动负债为经营性流动资金合计，表示企业用在经营活动中的流动资金。经营性长期资产减去经营性长期负债为经营性长期资金合计，表示企业用在经营活动中的长期资金。两者合计为企业用在经营活动中的资金。经营活动资金运用合计加上投资活动资金运用合计即企业总的资金。右边列示资金的来源，分为金融性负债与股东权益分别列示。

（2）改进后的利润表

表8－6为复星医药改进后的合并利润表。从通用财务报告的目标出发，站在投资者和债权人角度，首先计算经营活动经常性损益，其次计算经营活动损益，再加上投资活动损益，最后得到息税前利润总额。此指标为投资者和债权人共同需要的企业经营成果指标。经过调整，投资者和债权人均得到满足其需求的经营活动指标，并能清晰了解企业中经营活动和投资活动的获利情况。债权人收益总额为由于金融性负债的发生而付给债权人的资金成本，包括资本化利息和费用化利息，能够清晰反映企业的利息总额。

（3）改进后的现金流量表

现行现金流量表从经营活动、投资活动、筹资活动三个方面反映了报告主体内部资金的变化情况，但在分类上并不合理，不能实现与资产负债表、利润表的分类一致性。本章从新的分类方法出发，对现金流量表进行改进。表8－7是复星医药改进后的现金流量表（主表），表8－8为复星医药改进后的现金流量表（附表）。

表 8－5　复星医药改进后的资产负债表

金额单位：元

资金运用	2016 年	2017 年	2018 年	2019 年	资金来源	2016 年	2017 年	2018 年	2019 年
经营活动资金运用					**金融性负债**				
其中：经营性流动资产					**其中：流动负债**				
货币资金（经营性）①	1915814152.41	2971150238.23	3342726211.54	3269740401.25					
应收票据②	424856792.73	578011815.91	712510581.95	685225010.56	短期借款	3826209697.21	9714866318.58	5607192955.63	6358286948.48
应收账款	1965005507.57	3247537670.36	3623640740.82	4367599412.33	应付股利	1711025.08	116813129.88	125420505.60	127956011.68
预付款项	271226977.65	273400085.19	472144580.30	415675156.23	应付利息	176168883.26	153944798.49	187344429.18	
其他应收款	230873603.01	380348162.37	416043111.62	365076872.92	一年内到期的非流动负债（金融性）⑪	1824176663.72	763328841.23	4929603365.34	2562263003.09
存货	1670738356.90	2750516825.39	3287392199.46	3940536682.71	其他流动负债（金融性）④	499752756.27		205896000.00	209286000.00
其他流动资产③（经营性）	72146385.02	315300235.84	295958970.62	599490648.58					
经营性流动资产合计	6550661775.29	10516265033.29	12150416396.31	13643344184.58	**流动负债合计**	6328019025.54	10748953088.18	11055457255.75	9257791963.25
减：经营性流动负债									

续表

资金运用	2016 年	2017 年	2018 年	2019 年	资金来源	2016 年	2017 年	2018 年	2019 年
应付票据	124588073.72	129858095.13	149003072.96	244567689.32					
应付账款	1024791136.80	1652025373.92	2184280272.14	2152746846.36	**非流动负债：**				
合同负债			530896724.79	503683074.94	长期借款	2182905032.09	5579513665.14	8630661547.43	7293043830.91
预收款项	385744475.33	527263500.56			应付债券	3388052593.01	4235381895.88	4039456986.21	5283863183.83
应付职工薪酬	444193481.98	558830300.19	578701499.77	697396874.80	长期应付款（金融性）⑦	8583355.73	3772586.37	18793963.67	410188347.41
应交税费	478197923.91	480072154.72	478905270.26	759627944.44	其他非流动负债（金融性）⑫		1859563751.16	2605031908.13	2608958014.70
其他应付款④（经营性）	1238415560.71	2057462485.52	2709140999.77	3686153737.68					
其他流动负债⑤（经营性）	59367169.75	77336917.34	21549337.32	39683275.20					
经营性流动负债合计	3755297822.20	5482848827.38	6652477177.01	8083859442.74	**非流动负债合计**	5579540980.83	11678231898.55	15293944405.44	15596053376.85
经营活动营运资金⑥合计	2795363953.09	5033416205.91	5497939219.3	5559484741.8	**金融性负债合计**	11907560006.37	22427184986.73	26349401661.19	24853845340.10
经营性长期资产：					**股东权益：**				
固定资产	5140004619.24	6556004505.65	7083251505.14	7410365672.57	股本	2414512045.00	2495131045.00	2563060895.00	2562898545.00

续表

资金运用	2016 年	2017 年	2018 年	2019 年	资金来源	2016 年	2017 年	2018 年	2019 年
在建工程	1159895265. 22	1757944757. 18	2039800319. 91	3149906328. 38	资本公积	7857571615. 31	9078267927. 17	10544648359. 54	12143652211. 28
工程物资	4831809. 89	1920987. 67			减：库存股	26818892. 30	9523417. 00	1711169. 00	
固定资产清理									
使用权资产				524796559. 96	其他综合收益	829614792. 94	396452831. 45	-274779732. 99	-467993508. 26
无形资产	3080359300. 04	7248134618. 19	7151343109. 87	7915974071. 42	盈余公积	2121545318. 81	2254974173. 16	2374999312. 51	2523799886. 55
开发支出	570204236. 66	1026410507. 67	2040773501. 88	3050217233. 30	未分配利润	8993790666. 47	11111565495. 72	12771518762. 43	15125708928. 46
商誉	3473110437. 16	8464284038. 91	8853913413. 52	9013990317. 19	归属于母公司股东权益合计	22190215546. 23	25326868055. 50	27977736427. 49	31888066063. 03
长期待摊费用	20747087. 05	36977866. 03	95198631. 30	160688247. 32	少数股东权益	3060110389. 77	4414585875. 70	5614976948. 17	7316147261. 14
递延所得税资产	129550558. 11	144523544. 00	173134814. 17	196094575. 58					
其他非流动资产⑦（经营性）	574771261. 11	554496049. 42	1052571024. 32	1273605289. 60					
经营性长期资产合计	14153474574. 48	25790696874. 72	28489986320. 11	32695638295. 32	**股东权益合计**	25250325936. 00	29741453931. 20	33592713375. 66	39204213324. 17
减：经营性长期负债									
长期应付款⑧（经营性）	528813844. 46	235482400. 47	285447841. 52	241512082. 14					
递延收益	346706123. 84	397135001. 78	363489177. 57	417345041. 75					

续表

资金运用	2016 年	2017 年	2018 年	2019 年	资金来源	2016 年	2017 年	2018 年	2019 年
递延所得税负债	1786426762. 64	2981149353. 52	2908359008. 27	2994047852. 28					
其他非流动负债(经营性)⑨			71513190. 69	223008580. 42					
经营性长期负债合计	2661946730. 94	3613766755. 77	3628809218. 05	3875913556. 59					
经营活动长期资金合计	11491527843. 54	22176930118. 95	24861177102. 06	28819724738. 73					
经营活动资金运用⑧合计	14286891796. 63	27210346324. 86	30359116321. 36	34379209480. 57					
投资活动资金运用									
货币资金（投资性）	4080215581. 69	4277716974. 23	5203795565. 50	6263527976. 07					
交易性金融资产	48488849. 31	219326825. 45	616123764. 39	456650637. 52					
应收股利	82208216. 72	36369053. 73	19731451. 25	39844668. 93					
应收利息	2732501. 16	6809886. 14	11660016. 68						
减：									
其他应付款（投资性）	25236818. 52	368670546. 30	215311955. 57	92113999. 72					
投资活动营运资金合计	4188408330. 36	4171552193. 25	5635998842. 25	6667909282. 80					

续表

资金运用	2016年	2017年	2018年	2019年	资金来源	2016年	2017年	2018年	2019年
可供出售金融资产	2674435887.42	2673249060.90							
持有至到期投资									
长期股权投资	16175569879.88	18450575088.92	21427527810.80	20929776138.99					
其他权益工具投资			126313106.69	107709225.73					
其他非流动资产（投资性）			2505806955.75	1983154536.18					
减：长期应付款（投资性）	167419951.9	337083750	112648000.00	9700000.00					
投资活动长期资金合计	18682585815.38	20786740399.82	23946999873.24	23010939900.90					
投资活动资金运用合计	22870994145.74	24958292593.07	29582998715.49	29678849183.70					
资金运用总计[⑩]	37157885942.37	52168638917.93	59942115036.85	64058058664.27	资金来源总计[⑬]	37157885942.37	52168638917.93	59942115036.85	64058058664.27

注：①货币资金持有动机具有多样性，企业可以根据其持有目的划在经营性货币资金或投资性货币资金。参考管理用财务报表的编制方法，共有三种选择，一是全部计入经营活动；二是全部计入投资活动；三是按照公司历史或行业平均“货币资金/销售收入”百分比以及本期销售额，推算货币资金（经营性），其余部分列为货币资金（投资性）。本案例采用第三种方法，采用公司历史“货币资金/销售收入”百分比以及本期销售额推算货币资金（经营性）。

②应收票据是企业在销售过程中发生的，因此不管带息票据还是不带息票据，不管银行承兑汇票还是商业承兑汇票，都列入经营

活动中。

③其他流动资产的编制需要按其附注资料进行分类。在本案例中，均属于其他流动资产（经营性）。

④其他应付款在本公司中包括应付或预收股权收购款。将应付或预收股权收购款列入投资性，将其他部分列入经营性。

⑤其他流动负债的编制需要按其附注资料进行分类。在本案例中，短期融资券金额列示在其他金融性流动负债，其他金额合计列示在其他经营性流动负债。

⑥营运资金即营业活动的流动资金净需求。参考王竹泉等（2016），营运资金 = 流动资产 - 营业活动流动负债。经营活动营运资金 = 经营性流动资产 - 经营性流动负债，投资活动营运资金 = 投资性流动资产 - 投资性流动负债。

⑦其他非流动资产需要按照其附注资料进行分类。在本案例中，预付股权转让款属于其他非流动资产（投资性），其他属于其他非流动资产（经营性）。

⑧长期应付款的编制需要按其附注资料进行分类。在本案例中，应付股权收购款，分期偿还的贷款、子公司少数股东贷款、应付融资租赁款合计数列入长期应付款（金融性质），而职工安置费、其他单位往来款等列入长期应付款（经营性）。

⑨经营活动资金运用即企业在经营活动中运用的资金数额，等于经营活动营运资金 + 经营活动长期资金

⑩资金运用总计 = 经营活动资金运用总计 + 投资活动资金运用总计

⑪一年内到期的非流动负债需要按其附注资料进行分析，在本案例中，全部金额合计列示在一年内到期的非流动负债（金融性）。

⑫其他非流动负债需要按期附注资料进行分析，在本案例中，将合同负债金额列示在其他非流动负债（经营性），其他金额列示在其他非流动负债（金融性）。

⑬资金来源总计等于金融性负债合计加股东权益合计，等于资金运用总计。

表 8－6　**复星医药改进后的利润表**　金额单位：元

项目	2016 年	2017 年	2018 年	2019 年
一、营业收入	14628820443. 07	18533555418. 42	24918273561. 40	28585152033. 18
减：营业成本	6718363996. 86	7608953151. 59	10365308680. 07	11543421122. 03
税金与附加	152543484. 36	222924252. 39	255840179. 75	259836055. 94
销售费用	3704056389. 72	5790535637. 90	8487532676. 81	9846758447. 35
管理费用	2311856850. 80	2749354326. 98	2239437304. 20	2590781456. 11
研发费用			1479612337. 67	2041400644. 28
资产减值损失（经营性资产）①	79345257. 58	41701550. 37	97190308. 24	92334210. 49
信用减值损失（经营性资产）			27161943. 43	97113773. 87
加：其他收益		141783885. 20	276714129. 13	313051541. 18
资产处置损益	－5074468. 70	37453171. 51	－2994058. 54	17732540. 32
汇兑损益②	6331594. 96	－56468251. 99	59727663. 53	22603870. 19
二、经营活动经常性损益	1663911590. 01	2242855303. 9	2299637865. 35	2466894274. 80
加：营业外收入	190449378. 39	13482523. 05	82860089. 98	77382348. 27
减：营业外支出	13242194. 86	26659731. 71	38801047. 90	45184789. 31
三、经营活动损益	1841118773. 54	2229678095. 25	2343696907. 43	2499091833. 76
加：				
四、投资活动损益	2218600806. 12	2409579120. 66	2165553816. 84	3101351157. 82
投资收益	2125400785. 57	2306989196. 46	1815454146. 31	3565495343. 63
其中：对联营企业和合营企业的投资收益	1342807937. 57	1351323022. 32	1348996307. 36	1431414635. 54
公允价值变动收益	12301174. 02	44071694. 43	204361651. 43	－353158992. 47

续表

项目	2016 年	2017 年	2018 年	2019 年
利息收入	80898846.53	79224229.77	145738019.10	186647728.71
减：资产减值损失（投资性资产）③		20706000.00		297632922.05
信用减值损失（投资性资产）				
五、息税前利润总额④	4059719579.66	4639257215.91	4509250724.27	5600442991.58
减：利息费用	488170753.24	577540692.21	929657931.27	1074690357.22
所得税费用	350207030.72	476457580.05	559710659.32	782231353.40
六、净利润	3221341795.70	3585258943.65	3019882133.68	3743521280.96
七、其他综合收益	-72139251.64	-465968586.96	-668684567.70	-217825000.90
八、综合收益	3149202544.06	3119290356.69	2351197565.98	3525696280.06
九、债权人收益⑤	491340937.87	588702266.84	937579317.86	1094266000.10

注：①资产减值损失应该按照报表附注列示进行归类，分为经营性资产减值损失和投资性资产减值损失，此处资产减值损失列示由于经营性资产而产生的资产减值损失，此处经营性资产与改进后资产负债表中经营性资产一致，主要包括应收账款、存货、固定资产、无形资产等。本案例数据根据附注资料进行区分。此外，按照 2008 年证监会发布的《公开发行证券的公司信息披露解释性公告第 1 号——非经常性损益（2008）》规定，因不可抗力因素，如遭受自然灾害而计提的各项资产减值准备应该计入非经常性损益。因此，资产减值损失（经营性资产）也会计入经营活动非经常性损益。关于资产减值损失到底应该计入经常性损益还是非经常性损益，还需要进一步研究和商榷。

②企业由于外币业务发生的汇兑损益应该按照相应资产或负债的性质分别列入经营性损益或投资性损益，可以单列“汇兑损益”项目列示。本案例中无法从附注资料中对汇兑损益进行区分，将其全部列入经营活动损益中。

③此处资产减值损失列示由于投资性资产而产生的资产减值损失，此处投资性资产主要为长期股权投资。其他投资性资产发生的减值损失在信用减值损失（投资性资产）中列示。

④息税前利润总额（EBIT）=经营活动损益+投资活动损益

⑤债权人收益总额为由于金融性负债的发生而付给债权人的资金成本，包括资本化利息及费用化利息。

表8-7　**复星医药改进后的现金流量表（主表）**　金额单位：元

项目	2016年	2017年	2018年	2019年
一、经营活动产生的现金流量：				
销售商品、提供劳务收到的现金	16841502506.56	19910852999.38	27162426706.47	30036503137.74
收到的税费返还	70858639.15	93701746.23	279452735.71	257637175.42
处置固定资产、无形资产和其他长期资产收回的现金净额①	61807285.53	100175560.15	29178550.46	33979886.85
收到的其他与经营活动有关的资金	336201597.69	653888974.41	559028247.20	660417416.58
经营活动现金流入小计	17310370028.93	20758619280.17	28030086239.84	30988537616.59
购买商品、接受劳务支付的现金	7194444977.13	7946557765.44	10441784030.19	10969109066.59
支付给职工以及为职工支付的现金	2196003859.71	2871681613.31	3914389008.73	4764941669.64
购建固定资产、无形资产和其他长期资产支付的现金②	1921961652.59	2170616776.72	3174911004.97	3962059148.30
支付的各项税费	1631356277.74	2053301976.05	2690049707.42	2532767613.68
支付其他与经营活动有关的现金	4116718363.71	5206676589.54	8004579729.64	9465326808.58
经营活动现金流出小计	17060485130.88	20248834721.06	28225713480.95	31694204306.79
经营活动产生的现金流量净额	249884898.05	509784559.11	-195627241.11	-705666690.20
二、投资活动产生的现金流量：				
收回投资收到的现金	1070443493.82	1015745755.65	703276474.60	4348052068.04

续表

项目	2016 年	2017 年	2018 年	2019 年
取得投资收益收到的现金	422200925. 11	534810616. 13	540083791. 55	568121277. 36
处置投资性房地产收回的现金净额				
处置子公司及其他营业单位收到的现金净额		10553582. 81	20295864. 28	3882639. 76
收到其他与投资活动有关的现金	43153960. 32	421108939. 21	235669221. 93	1574942423. 24
投资活动现金流入小计	1535798379. 25	1982218893. 80	1499325352. 36	6494998408. 40
购建投资性房地产所支付的现金				
投资支付的现金	1395689512. 51	2525667388. 49	2133376777. 53	517916009. 62
取得子公司及其他营业单位支付的现金净额	249441058. 91	7833151142. 68	642884765. 08	822665133. 95
支付其他与投资活动有关的现金	477609525. 54	57061375. 00	822246170. 43	1398300771. 87
投资活动现金流出小计	2122740096. 96	10415879906. 17	3598507713. 04	2738881915. 44
投资活动产生的现金流量净额	–586941717. 71	–8433661012. 37	–2099182360. 68	3756116492. 96
三、筹资活动所产生的现金流量：				
吸收投资收到的现金	2728483965. 95	3017637933. 26	4851374281. 00	3190488550. 41
其中：子公司吸收少数股东投资收到的现金	452633971. 05	980351175. 17	2626799804. 11	3190488550. 41
取得借款收到的现金	10526974403. 65	18014121224. 95	12385633528. 99	11501274638. 69
收到其他与筹资活动有关的现金	78859379. 43	200765011. 47	184253910. 40	62224750. 06
筹资活动现金流入小计	13334317749. 03	21232524169. 68	17421261720. 39	14753987939. 16

续表

项目	2016年	2017年	2018年	2019年
偿还债务支付的现金	9956120701.94	9085340089.86	9995121130.30	13942058070.66
分配股利、利润或偿付利息所支付的现金	1297520192.54	1608825627.84	1980548728.38	2117669857.68
其中：子公司支付给少数股东的股利、利润	103999767.31	175288432.53	205014777.85	253227078.97
支付其他与筹资活动有关的现金	634647317.34	629731329.94	2308057541.28	630238303.05
筹资活动现金流出小计	11888288211.82	11323897047.64	14283727399.96	16689966231.39
筹资活动产生的现金流量净额	1446029537.21	9908627122.04	3137534320.43	-1935978292.23
四、汇率变动对现金及现金等价物的影响	80470381.54	-172467936.13	-18038964.12	-5105465.86
五、现金及现金等价物净增加额	1189443099.09	1812282732.65	824685754.52	1109366044.67
加：期初现金及现金等价物余额	3348593521.11	4538036620.20	6350319352.85	7175005107.37
六、期末现金及现金等价物余额	4538036620.20	6350319352.85	7175005107.37	8284371152.04

注：①此项目在公司原现金流量表中属于投资活动现金流量项目，在改进后的现金流量表中调整为经营活动现金流量项目。

②此项目在公司原现金流量表中属于投资活动现金流量项目，在改进后的现金流量表中调整为经营活动现金流量项目。

表 8 – 8　　复星医药改进后的现金流量表（附表）　　金额单位：元

项目	2016 年	2017 年	2018 年	2019 年
将经营活动净利润调节为经营活动现金流量				
经营活动净利润①	1682296784. 43	2000687336. 58	2052785573. 93	2150035876. 88
加：折旧与摊销②	783552391. 73	914241741. 12	1318368269. 40	1560459366. 63
= 经营活动 EBIDA	2465849176. 16	2914929077. 70	3371153843. 33	3710495243. 51
加：经营活动营运资金节约额③	– 294002625. 52	– 234527741. 87	– 391870079. 47	– 454102785. 41
减：购建固定资产、无形资产增加	1921961652. 59	2170616776. 72	3174911004. 97	3962059148. 30
= 经营活动产生的现金流量净额	249884898. 05	509784559. 11	– 195627241. 11	– 705666690. 20

注：①在本案例中，经营活动净利润 = 改进后利润表中“经营活动损益”指标 ×（1 – 平均所得税率）。平均所得税率 = 所得税费用/息税前利润总额。

②在本案例中，折旧与摊销包括固定资产折旧、使用权资产折旧、无形资产摊销、长期待摊费用摊销、经营性资产本期的资产减值损失和信用减值损失、递延所得税资产和递延所得税负债的增加或减少。

③在本案例中，经营活动营运资金节约额采取倒挤的方法来计算，主要包括经营性应收项目的减少、经营性应付项目的增加、存货的减少及股份支付。

8.2.2　改进后的财务报表所提供财务信息分析

从上述改进后的财务报表中，可以得到以下指标数据，这些财务信息是原先财务报表不能提供的、而对信息使用者来说有用的信息。

（1）资金来源与资金运用存量信息

股东和债权人最关心的信息应该是其所投入资金的存量以及在资金在公司的运用方向信息，即公司资金存量信息及资金配置结构信息。通过前边分析已经知道，现行报表中资产、负债信息并不能提供精确的资金存量及来源信息。通过改进后的财务报表，可以清晰提供总资金存量及来源结构信息（具体包括金融性负债和所有者权益），以及资金在公司运用方向信息（具体包括经营活动资金运用信息和投资活动资金运用信息）。表 8 – 9 是根据改进后的复星医药财务报表计算出的复星医药资金存量和资金配置结构信息。

从表 8 – 9 中可以看到，复星医药三年来的总资金呈不断上升趋势，尤其在 2017 年有较大提升。2016—2019 年的资金运用总额分别为 3715788. 59 万元、5216863. 89 万元、5994211. 50 万元、6405805. 87 万元，而在原先资产负债表上列示的资产总额分别为 4376778. 73 万元、6197100. 88 万元、7055136. 14 万元、7611964. 57 万元，差异率分别为 17. 79%、18. 79%、17. 70%、18. 83%，差异明显。如果投资者和债权人将资产作为自己投入资本的运用形态，会大大高估自己的资金存量。

结合图 8 – 1 可以分析复星医药的资金来源结构和资金运用策略。可以看到，公司自有资金逐年增长，占总资金的比重一直高于 50%，2019 年超过了 60%，说明公司资金来源以自有资金为主。金融性负债在 2017 年增长迅速，但在 2019 年出现下滑，即公司的融资策略转向保守，正在缩小金融性负债的融资规模。

表 8－9　　复星医药资金存量信息和资金配置结构信息

项目		2016 年		2017 年		2018 年		2019 年	
		金额（元）	占比（%）	金额（元）	占比（%）	金额（元）	占比（%）	金额（元）	占比（%）
资金来源	金融性负债	11907560006. 37	32. 05	22427184986. 73	42. 99	26349401661. 19	43. 96	24853845340. 10	38. 80
	所有者权益	25250325936. 00	67. 95	29741453931. 20	57. 01	33592713375. 66	56. 04	39204213324. 17	61. 20
	总计	37157885942. 37		52168638917. 93		59942115036. 85		64058058664. 27	
经营活动资金占用	营运资金	2795363953. 09	7. 52	5033416205. 91	9. 65	5497939219. 30	9. 17	5559484741. 84	8. 68
	长期资金	11491527843. 54	30. 93	22176930118. 95	42. 51	24861177102. 06	41. 48	28819724738. 73	44. 99
	合计	14286891796. 63	38. 45	27210346324. 86	52. 16	30359116321. 36	50. 65	34379209480. 57	53. 67
投资活动资金占用	营运资金	4188408330. 36	11. 27	4171552193. 25	8. 00	5635998842. 25	9. 40	6667909282. 80	10. 41
	长期资金	18682585815. 38	50. 28	20786740399. 82	39. 85	23946999873. 24	39. 95	23010939900. 90	35. 92
	合计	22870994145. 74	61. 55	24958292593. 07	47. 84	29582998715. 49	49. 35	29678849183. 70	46. 33
资金总计		37157885942. 37	100. 00	52168638917. 93	100. 00	59942115036. 85	100. 00	64058058664. 27	100. 00
原报表资产总计		43767787265. 95		61971008797. 38		70551361387. 48		76119645663. 32	

数据来源：作者计算整理。

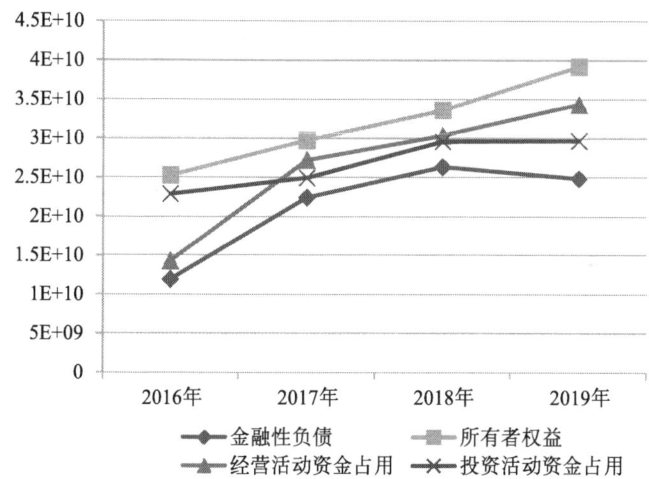

图 8－1　复星医药资金来源和资金运用趋势图

在资金运用方面，公司 2016 在投资活动的投入资金远高于在经营活动的投入资金，从 2017 年开始，公司在经营活动的资金投入逐年上升，到 2019 年，公司在经营活动中的资金投入已经超过在投资活动中的资金投入。这说明公司已经改变了自己的营业策略，将大部分资金运用到了经营活动中。进一步分析资金运用的方向，发现公司逐步缩减投资活动长期资金，即减少对投资性长期资产的投入。而公司逐步增加经营活动长期资金的投入，从 2016 年的 30.93%，到 2019 年的 44.99%，公司越来越重视对经营性长期资产的资金投入。

（2）资金效率信息

参考王竹泉（2015）[120]，将资金效率信息从资金运用效率和资金周转效率两个维度展开，分别列示公司的资金获利能力和资金周转能力。指标体系分析如下：

①资金运用效率指标。资金运用效率信息衡量了企业不同资金的运用效果和效率，是对企业进行价值评估时最重要的信息。反映企业资金的运用效率指标为经营活动经常性损益率（经营活动经

常性损益/净经营性资产)、经营活动非常损益率(经营活动非常损益/净经营性资产)、投资活动损益率(投资活动损益/净投资性资产)。其中经营活动经常性损益率反映了企业利用其净经营性资产创造核心利润的能力,反映了企业的核心竞争力;投资活动损益率反映了企业利用净投资性资产对外投资获利的能力,反映了企业对外投资创造价值的能力。此外,将经营活动经常性损益与营业收入指标对比,可以计算出真正的经营活动销售利润率。表 8 - 10 是按照复星医药改良后的资产负债表和利润表计算的相关指标。

表 8 - 10　　复星医药资金运用效率指标

		2016 年	2017 年	2018 年	2019 年
现行指标体系	总资产报酬率(%)	9.28	7.49	6.39	7.36
	净资产报酬率(%)	12.76	12.05	8.99	9.55
	销售毛利率(%)	53.03	57.74	57.38	58.71
	销售净利率(%)	22.02	19.34	12.12	13.10
改进后报表能够提供指标	经营活动损益率(%)	12.89	8.19	7.72	7.27
	经营活动经常性损益率(%)	11.65	8.24	7.57	7.18
	投资活动损益率(%)	9.70	9.65	7.32	10.45
	经营活动销售利润率(%)	11.37	12.10	9.23	8.63

数据来源:作者计算整理。

首先看表 8 - 10 中的现行资金效率指标。公司的毛利率从 2016—2019 年逐年上升,但净利率却逐年下跌,但净利率在 2019 年出现小幅回升。总资产报酬率和净资产报酬率的变化趋势与净利率类似,在 2016—2018 年逐年下跌,在 2019 年小幅上涨。从这些指标的分析可以得出复星医药虽然 2017 年和 2018 年出现资金运用效率下跌的情形,但 2019 年开始恢复,并且公司的毛利率不断攀升，公司竞争力依然良好。但分析新的指标体系后得到了不同的结论。公司的经营活动损益率、经营活动经常性损益率和经营活动利润率一直呈平稳下跌趋势，说明公司的经营活动核心竞争力逐年下跌。2019 年之所以出现总资产报酬率、净资产报酬率和净利率小幅上涨的情况，主要是因为公司的投资活动损益率出现大幅上升。而将投资活动损益与现金流量表中的投资活动产生的现金流量进行对比，就会发现，投资活动损益的上升是由于 2019 年公司处置大量现有长期投资，使投资收益增加，净投资性资产（投资活动资金运用）减少造成的。因此通过改进后报表提供的指标体系，可以得出的结论是，公司近 4 年的投资活动和经营活动损益率均处于不断下跌趋势，公司业务的核心竞争力不断下降。

②资金周转效率与周转质量指标。资金就像企业的血液，其流动的速度决定了资金周转的效率，资金周转效率高的企业自然回报率也会高。现行财务报表分析体系中用资产周转率来衡量企业总资产的周转速度，即企业的营运能力。该指标分子为取自现行利润表的营业收入，反映的是企业经营活动取得的总收入，分母为取自现行资产负债表的平均总资产，反映的是企业全部总资产，不仅是经营活动所用总资产，也包括投资活动所用资产。分子分母反映内容不一致，提供的指标就不会准确。采用经济活动重分类后，在资产负债表中可以得到经营活动运用的资金即净经营性资产，并将其作为分母与利润表中的营业收入进行比较，就可以计算出企业较准确的营运能力，其计算公式为：经营性资产周转率 = 营业收入/净经营性资产。

进一步从现金流量表中可以得到“销售商品提供劳务收到的现金”及投资活动的资金回收（包括取得投资收益收到的现金和收回投资收到的现金）数据，与净经营性资产和净投资性资产进行比较，就可以计算不同资金的回收效率，从而衡量企业资金的周转质量。具体计算公式为：

经营活动资金周转质量 = 销售商品提供劳务收到的现金/经营活动资金运用

投资活动资金周转质量 =（取得投资收益收到的现金 + 收回投资收到的现金）/投资活动资金运用

总资金周转质量 = 营业活动资金回收/总资金 =（销售商品提供劳务收到的现金 + 取得投资收益收到的现金 + 收回投资收到的现金）/总资金

表 8 - 11 列出了按照现行总资产周转率指标和本书列示的新指标来计算的复星医药 2016—2019 年资金周转效率和周转质量情况。可以看到，公司 2017 年的营运能力出现大幅下滑，资金周转效率和资金周转质量都有很大下降，但 2018 年起又有小幅提升。尤其在经营活动资金的周转率和周转质量方面，提升幅度较大。2019 年公司的经营资金周转率虽然仍然有小幅提升，但周转质量下降，说明公司销售产品的现金回收能力有所减弱。投资活动方面，虽然从表 8 - 10 上来看，投资活动损益率不是很低，但其回收现金的能力即投资活动资金周转质量非常低。2019 年公司营业策略改变，开始处置长期投资回收现金，导致其投资活动资金周转质量提升。也因为此，2019 年的总资金周转质量得到提升。

表 8 - 11　复星医药资金周转效率和资金周转质量指标

	2016 年	2017 年	2018 年	2019 年
总资产周转率	0.33	0.30	0.35	0.38
经营性资产周转率	1.02	0.68	0.82	0.83
总资金周转质量	0.50	0.42	0.48	0.55
经营活动资金周转质量	1.18	0.73	0.89	0.87
投资活动资金周转质量	0.07	0.06	0.04	0.17

数据来源：作者计算整理。

（3）资金流量及增量信息。对企业经济活动进行合理分类后，通过改进后的现金流量表应该能够掌握不同经济活动企业资金的流量信息。表 8－12 列示了从复星医药改进后的现金流量表中提取的资金流量及增量信息及相比于去年的变化率。

首先看经营活动现金流量的变化。在经营活动现金流入方面，2017 年相比于 2016 年，2018 年相比于 2017 年，都有比较大的幅度的增加。在 2018 年，公司在经营性长期资产方面投入巨大，由此导致 2018 年经营活动现金流出增长明显。此外，公司在 2018 年的经营活动造血能力（EBIDA）的增长减速，而且经营活动营运资金的管理能力下降，这些原因共同导致 2018 年公司经营活动现金流量净额大幅下跌至负数。即在 2018 年，公司经营活动产生的现金流入已经不足以支撑经营活动产生的现金支出。到 2019 年，公司经营活动造血能力（EBIDA）的增长进一步减速，经营活动营运资金的管理能力进一步下降，从而使公司经营活动产生的现金流入增长幅度大幅降低。而公司 2019 年依然维持了较高比例增速的经营活动长期资金的投入，因此在 2019 年，公司经营活动现金净流量进一步下跌。

其次看投资活动现金流量的变化。公司在 2016 年和 2017 年一直维持较高的投资活动现金支出，2017 年相较于 2016 年，投资活动现金支出增长幅度非常大。但在 2018 年公司开始改变营业战略，对投资活动的支出增长幅度开始下降，并将资金更多的投入经营活动长期资金中。但公司在投资活动中的现金流入增长不突出，且在经营活动的现金流出现负数，只能依靠巨额的借款弥补现金流的短缺。在 2019 年，由于经营活动现金流的紧张，公司进一步调整战略，出售了大量的投资性资产，使投资活动现金流入大幅增加，而投资活动现金支出进一步缩减。正是由于公司战略的调整，才使公司 2019 年的净现金流与 2018 年比出现上涨。

表 8－12　　复星医药资金流量及增量信息表

分类	项目	2016 年	2017 年		2018 年		2019 年	
		金额	金额	变化率	金额	变化率	金额	变化率
经营活动	经营活动现金流入	17310370028.93	20758619280.17	19.92%	28030086239.84	35.03%	30988537616.59	10.55%
	经营活动现金流出	17060485130.88	20248834721.06	18.69%	28225713480.95	39.39%	31694204306.79	12.29%
	经营活动产生的现金流量净额	249884898.05	509784559.11	104.01%	－195627241.11	－138.37%	－705666690.20	－260.72%
	经营活动 EBIDA	2465849176.16	2914929077.70	18.21%	3371153843.33	15.65%	3710495243.51	10.07%
	经营活动营运资金节约额	－294002625.52	－234527741.87	－20.23%	－391870079.47	－67.09%	－454102785.41	－15.88%
	购建固定资产、无形资产增加	1921961652.59	2170616776.72	12.94%	3174911004.97	46.27%	3962059148.30	24.79%
投资活动	投资活动现金流入	1535798379.25	1982218893.80	29.07%	1499325352.36	－24.36%	6494998408.40	333.19%
	投资活动现金流出	2122740096.96	10415879906.17	390.68%	3598507713.04	－65.45%	2738881915.44	－23.89%
	投资活动产生的现金流量净额	－586941717.71	－8433661012.37	－1336.88%	－2099182360.68	－75.11%	3756116492.96	278.93%
投资活动	筹资活动现金流入	13334317749.03	21232524169.68	59.23%	17421261720.39	－17.95%	14753987939.16	－15.31%
	筹资活动现金流出	11888288211.82	11323897047.64	－4.75%	14283727399.96	26.14%	16689966231.39	16.85%
	筹资活动产生的现金流量净额	1446029537.21	9908627122.04	585.23%	3137534320.43	－68.34%	－1935978292.23	－161.70%
净增	现金及现金等价物净增加额	1189443099.09	1812282732.65	52.36%	824685754.52	－54.49%	1109366044.67	34.52%

数据来源：从改进后的现金流量表中取数。

最后看筹资活动产生的现金流量。公司在 2017 年和 2018 年都维持了比较大的银行借款金额，但 2018 年比 2017 年有所降低。2019 年进一步降低，并开始大量还款，因此导致公司当年的筹资活动产生的现金流量出现负数。在经营活动和筹资活动都出现负数的情况下，公司只有出售投资性资产才能保证公司整体现金流的稳定。

通过上述分析可以得到，公司从总体现金流量净额上虽然保持相对稳定，但公司经营活动产生现金的能力不断降低，公司管理经营活动营运资金的能力也在不断下降。公司今年在不断降低投资活动的投入并不断加大对经营活动的投入，这种经营策略的转变并没有带来经营活动竞争力的提升。不过，长期资产尤其无形资产和开发支出的投入需要较长时间才能见到效果，因此，需要密切关注公司研发成果的动向，从而进一步判断公司未来的核心竞争力。

（4）财务风险信息

①总资金融资结构和总体财务风险指标。公司资金融资结构是公司借入资金和自有资金分别所占比例，即财务上通称的资本结构，是企业各种资本的价值构成及其比例，它在很大程度上决定着企业的偿债和再融资能力。现行财务报表分析体系中常采用资产负债率（负债总额/资产总额）和权益乘数（资产总额/所有者权益）来衡量企业的长期偿债能力和财务风险。资产负债率越高，权益乘数越高，长期偿债能力越弱，财务风险越大。

在这些指标中，将由于交易关系产生的营业性负债与由于借贷关系产生的金融性负债混为一谈，银行等金融债权人无法了解企业资产在扣除经营性负债后剩余能够偿还金融性负债的真实能力，容易误导投资者对企业使用金融杠杆程度的判断，会导致报表使用者对企业乃至整个行业的杠杆率误判（王竹泉等，2019[20]）。营业性负债是公司在正常交易过程中形成的债权债务关系，只要公司正常经营就可以无限存续，也不需要承担融资成本，主要受企业在供应链的地位和供应链关系等因素的影响，将其与基于债权投资关系形成并具有“硬”约束的金融性负债混同，难以反映非金融企业的真实财务风险（王竹泉等，2019[147]）。因此，将营业性负债从指标中剔除，反映企业由于真正的金融杠杆和财务风险，也可以满足金融性债权人的需求，反映企业扣除营业性负债后的资金能够偿还金融性负债的能力。相应的计算指标如下：

资本负债率 =（负债总额 – 营业性负债）/（资产总额 – 营业性负债）= 金融性负债/资金

权益乘数（新）=（资产总额 – 营业性负债）/所有者权益 = 资金/所有者权益

图 8 –2 列出了采用现行指标体系和改进后的指标体系计算出的复星医药的财务风险信息。资本负债率和权益乘数（新）指标比资产负债率和旧的权益乘数指标数值偏小，说明复星医药的金融性负债偿债能力实际要高一些，财务风险实际要小一些。分年度观察后发现，公司在 2017 年、2018 年采取了较为积极的负债策略，金融性负债占比较高，财务风险较大，2019 年公司负债策略转为保守，金融性负债规模缩减，财务风险随之降低。总体来看，公司一直采取的是较为稳健的负债融资策略，总体财务风险较小。

②公司短期财务风险指标。传统指标采用流动比率（流动资产/流动负债）来分析公司的短期偿债能力。为了更加稳健计算公司对债权人的偿债能力，扣除营业性流动负债，来分析公司流动资产中扣除营业性流动负债后剩余可用于偿还债权人流动负债的金额。此指标可以更稳健的计算公司的短期偿债能力和短期财务风险，计算公式为：银行债务流动比率 =（流动资产 – 营业性流动负债）/金融性流动负债 = 营运资金/金融性流动负债。此指标越大，说明企业流动资产中用于偿还金融性流动负债的准备越大，企业短期偿债能力越高，短期财务风险越低。

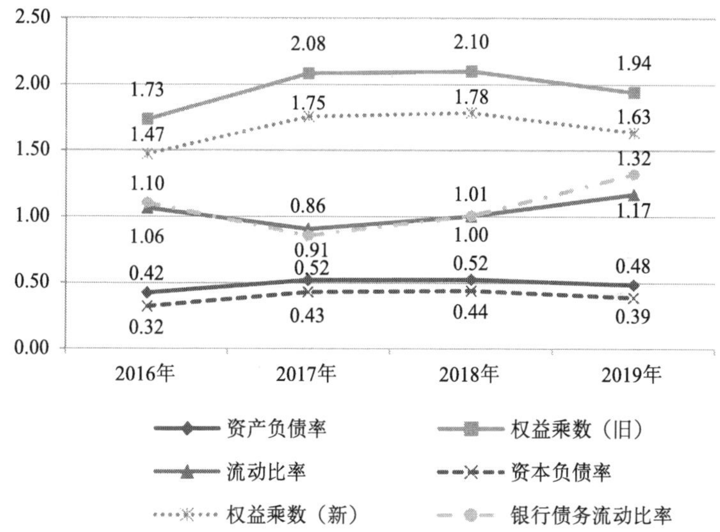

图 8－2　复星医药财务风险指标图

从图 8－2 中可以看到，复星医药的银行债务流动比率在 2017 年低于 1，公司当年流动资产扣除营业性流动负债后并不能偿还债权人流动负债，短期偿债能力差，短期财务风险较大。但在 2018 年出现缓解，且在 2019 年持续上升，说明该公司已经改善这一问题，在 2019 年短期偿债能力比较强，短期财务风险较低。此指标比流动比率指标更能清晰、稳健的提供给金融债权人短期偿债能力和财务风险信息。

③公司财务弹性信息。综合资金效率信息和资金流量信息，可以评估公司不同类型的资源的投资回报是否可以为未来的增长或风险提供充足的资金，即公司的财务弹性如何。从表 8－10 可以看到，公司经营活动销售利润率和经营活动损益率一直处于下降趋势，说明公司经营活动创造利润的能力一直在降低。公司的投资活动损益率在 2016—2018 年也一直处于下降趋势，在 2019 年出售了大量投资性资产后才有所上升。因此投资性资产创造利润的能力也

不容乐观。再看表 8 - 12，经营活动创造现金（经营活动 EBIDA）的能力不断降低，管理经营活动营运资金的能力（经营活动营运资金节约额）也在不断下降，说明企业经营活动资金回报应为未来风险的能力较差。公司的投资活动在 2016—2018 一直处于扩张状态，给公司造成的是大量的资金流出，而在 2019 年改变公司营业战略后带来了大量的资金流入，说明投资活动有一定的应对风险的能力。在 2016—2018 年，筹资活动给公司提供了大量的资金。由此可以得出结论，公司经营活动创造利润的能力和现金的能力一直在下降，应对未来风险和机会的能力较差；公司投资活动创造利润的能力也不容乐观，但有一定的应对风险的能力。总体来看，公司的财务弹性较差，公司经营性资产和投资性资产为公司带来的投资回报难以应对未来的机会或风险。

（5）分析总结

通过对复星医药财务报表的改进和改进后的报表能够反映信息的提取和分析，可以得到以下结论：

①从资金来源上看，复星医药资金来源以自有资金为主，金融性负债在 2017 年增长迅速，但增长速度逐渐下降，更是在 2019 年缩减了金融性负债的规模。由此可见，复星医药采取了较为保守的负债融资策略。在资金使用战略上，公司从 2017 年开始在经营活动的资金投入逐年上升，到 2019 年，公司在经营活动中的资金投入已经超过在投资活动中的资金投入。这说明公司已经改变了自己的营业策略，将大部分资金运用到了经营活动中。进一步分析资金运用的方向后发现，发现公司逐步减少对投资性长期资产的投入，而逐步增加对经营性长期资产的投入。

②在资金运用效率方面，公司的经营活动损益率、经营活动经常性损益率和经营活动利润率一直呈平稳下跌趋势，说明公司的经营活动核心竞争力逐年下跌。在资金周转效率与周转质量方面，公司 2018 年经营活动资金的周转率和周转质量有较大幅度的提升，

在 2019 年公司的经营资金周转率虽然仍然有小幅提升，但周转质量下降，说明公司销售产品的现金回收能力有所减弱。而公司投资活动资金周转质量非常低，2019 年公司营业策略改变，开始处置长期投资回收现金，才导致其投资活动资金周转质量提升。

③在资金流量与增量方面，公司从总体现金流量净额上虽然保持相对稳定，但公司经营活动产生现金的能力不断降低，公司管理经营活动营运资金的能力也在不断下降。公司近年来不断降低投资活动的投入并不断加大对经营活动的投入，这种经营策略的转变并没有带来经营活动竞争力的提升。不过，长期资产尤其无形资产和开发支出的投入需要较长时间才能见到效果，因此，需要密切关注公司研发成果的动向，从而进一步判断公司未来的核心竞争力。

④在偿债能力和财务风险方面，由于公司采取的是较为保守的负债融资策略，尤其在 2019 年，金融性负债所占比例比较低，公司的偿债能力较强，财务风险较小。公司在 2017 年短期财务风险较大，但已经改善这一问题，公司 2019 年的短期偿债能力较强，短期财务风险较小。在财务弹性方面，公司经营活动创造利润的能力和现金的能力一直在下降，应对未来风险和机会的能力较差；公司投资活动创造利润的能力也不容乐观，但有一定的应对风险的能力。总体来看，公司偿债能力较强，财务风险较小，但公司的财务弹性较差，公司经营性资产和投资性资产为公司带来的投资回报难以应对未来的机会或风险。

第9章 结论、政策建议与研究展望

9.1 结论

9.1.1 理论分析结论

本书从财务报告的目标出发，基于“需求导向”原则，首先研究了财务报表的使用者及其信息需求。通过重点分析 IASB 在 2018 年发布的修订后的《财务报告概念框架》第 1 章“通用目的财务报告的目标”，发现报表的主要使用者是投资者和债权人，两者都是企业资金的提供者，具有相同的投资决策模型，共同需要的信息便是为其投资决策提供依据的信息，即未来现金流量或期望收益的金额、时间及风险信息。财务报表所提供的信息必须是与两者正确预测期望回报相关的信息。两者都是企业资金的提供者，他们将资金提供给企业，要想预测将来资金的回报情况，只能通过现在资金在企业的运用情况信息来做判断。具体来说，资金在企业中的使用状况、运用效率及风险方面的信息便可以为其将来资金回报的预测提供关键依据。结合“基金理论”，可以将企业视为股权投资者和债权投资者共同关注的“资金运作中心”，来详细列报“资金”在这个运作中心中的使用情况、运用效率及风险方面的信息。

“基金”概念强调资金用途的特定性、目的性和来源的单一性，并不适合于现代企业。因此，采用“资金”替代“基金”，强调“资本或收入的经济活动领域”，而忽略资金用途的特定性。将股权投资者和金融债权人投入的全部资金统称为“资金”，即投资者投入的资本。资金投入企业后形成资产，但资产并不全是来源于资金。与企业的供应商、客户、税务部门、员工等在营业活动过程中基于交易关系而产生的营业性负债并不是资金的来源，其对应方也不是作为投资者的债权人，可以从资产中扣除。即：资金 = 资产 - 营业性负债。

想要对资金的来源和运用方向有进一步掌握，就必须对经济活动进行分类。传统的经营活动/金融活动分类法不符合资金运动的基本规律，也不重视企业的对外投资活动，因此，借鉴王竹泉（2013，2015）和 IASB（2019）的做法，提出将经营/投资/筹资活动分类法与经常性/非常活动分类法相结合，即改进后的分类法对经济活动进行分类，将企业的资金分为经营活动资金运用和投资活动资金运用两大类，从而反映企业的资金运用战略；分别反映不同经济活动创造的利润，即企业的战略实施效果；反映企业经营活动创造的经常性盈余，即企业的核心竞争力。通过掌握这些信息，投资者就可以掌握其资金在企业中的使用情况信息，从而为其预测未来现金流数额、时间和不确定性提供有力依据。文章以此为基础提出了对企业财务报表进行分类列报改进的思路以及改进后报表能够提供的基本信息，主要是资金来源与资金运用存量信息、资金效率信息、资金流量及增量信息及财务风险信息。其中，资金运用效率信息是帮助信息使用者决策最重要的信息，被定义为“改进后核心信息”。

9.1.2　调查问卷分析结论

中国的财务报表列报模式一直在财政部的主导下，对国际财务报表列报模式亦步亦趋。那我国财务报表列报模式是否能够满足报表使用者的需求？会计理论界和国际会计政策制定机构分析的财务报表列报的缺陷在我国是否需要改进？理论分析中提出的改进报表的主要思路是否能被实务界认可？针对这些问题展开了调查问卷，问卷结果显示：

①现行基本财务报表不能有效传递企业的财务信息，不能很好的满足股东和债权人的信息需求。从股东和债权人的需求出发来改进财务报表的列报模式是很有必要的；大部分答卷者认为报表分类不一致这一状况需要改进。

②关于分类方法，有 88.99% 的人认可经济活动的经营/投资/筹资分类法。82.26% 的答卷者认为“投资”概念存在报表间界定不一致问题亟待改进。有 86.85% 的人认可 IASB（2019）提出的投资活动类别定义，即“独立产生投资回报的资产，该资产独立于或基本独立于企业其他资产”，即企业的对外投资。

③在利润表和资产负债表的改进方面，大部分受调查者认为应该在利润表中单独列示经营活动损益、投资活动损益和筹资活动费用。有 91.14% 和 90.82% 的被调查者认为“经营活动损益/净经营性资产”和“投资活动损益/投资活动净资产”两个相对值指标可以反映企业不同经济活动资金的运用效率和效果。此外，有 81.65% 的被调查者认可“非经常性损益”与“经常性损益”的差异，认为有必要区分列报。因此，应该改进现行利润表，对“利润总额”按照经济活动的性质和盈余的可持续性进行合理分类，以真实反映企业核心业务创造价值的能力，即企业的核心竞争力。有 81.35% 的人认为通过经营性/投资性资产、损益和现金流量的划分可以提供相应的战略信息，有 94.8% 的人认为应该将负债按照经营性/金融性进行划分，以反映企业的融资策略和真实的财务杠杆，分别有 87.77%、82.87%、85.32% 的答卷者认为应该提供准确的利息费用信息、准确的金融杠杆信息和相应的财务弹性信息。

④在现金流量表方面，有 91.13% 的人认为应该以“经营活动

损益”作为间接法编制现金流量表的起点，将经营活动现金流量与经营活动损益进行比较从而衡量经营活动损益的质量。90.52%的调查者认为可以进一步分解经营活动现金净流量，提取“经营活动 EBITDA（税息折旧及摊销前利润）”“经营活动营运资金节约额”“经营性长期资产的净投入”来分别反映企业资金流量管理成效、资金存量管理的成效和企业产品经营的战略部署。

9.1.3　大样本实证分析结论

在本书的第 6 章和第 7 章采用大样本实证检验的方法来论证财务报表分类列报改进后信息的有用性。在第 6 章中，通过样本外预测的方法检验现行报表分类方法，第 4 章提出的改进后分类法、经营活动/金融活动分类法下盈余指标对未来盈利的预测能力。相关实证结果显示，改进后分类法可以提供比现行报表分类法更加准确的盈利预测信息，改进后分类法也可以提供比经营活动/金融活动分类法更加准确的盈利预测信息。即，改进后分类法提供的改进后报表核心信息可以帮助投资者更好的预测主体未来的盈利能力，从而为其投资决策提供更好的信息支持。

那改进后核心信息会被投资者关注吗？投资者对这些信息的关注程度一样吗？在本书的第 7 章中，用大样本实证数据检验改进后核心信息的价值相关性，实证结果显示，改进后报表提供的核心信息即各盈余指标均具有显著的价值相关性。不同盈余指标的价值相关性程度显著不同。通过比较不同盈余指标的系数可以看到，投资者首先关注经营活动经常性损益率，其次经营活动非常损益率，最后投资活动损益率。因此为了提高各盈余指标的有用性，应该精确反映各项盈余指标信息，对企业经营活动净资产、投资活动净资产以及相应的经营活动经常性损益、经营活动非常损益和投资活动损益进行分开列报。只有这样才能提供给投资者更为准确的信息，引导投资者作出正确的投资决策。

9.2 政策建议

(1) 本书通过理论推导提出了对企业财务报表进行分类列报改进的思路以及改进后报表提供的信息，然后通过调查问卷、实证检验证实了改进后信息的有用性，这为准则制定机构提供了财务报表改进的理论依据和实证证据。在资产负债表上正确区分经营活动运用资金和投资活动运用资金、在利润表上准确划分经营活动损益、投资活动损益和筹资活动费用、在现金流量表上合理划分经营活动现金流量和投资活动现金流量，能够帮助投资者更好的预测未来盈利，并能够更好的帮助投资者作出投资决策。因此，政策制定机构在进行财务报表列报的改革时可以考虑这些方案。

(2) 改进后的报表能够提供反映企业核心竞争力的信息，也能够提供反映企业经营活动造血能力的信息。提供的更准确的资金效率指标、资金周转指标以及资金质量指标等可以帮助报表信息使用者、财务分析专家、政府相关机构更准确的评估企业创造价值、创造现金的能力。相关指标如果能够被政府相关部门采用，能够大大提高企业对核心竞争力培养的重视程度。

(3) 随着商业信用的不断发展，很多企业凭借营运资金的管理，占用上下游的资金而使企业获得飞速发展。因此，营业性负债和金融性负债是不同的，营业性负债也能够为企业创造价值。而传统财务分析体系中不区分营业性负债和金融性负债，将资产负债率作为衡量企业杠杆率高低的标准，对企业的财务风险做出了不准确的评估。采用本书提出的财务风险信息可以更加准确的评估企业的偿债能力、财务风险和财务弹性。

9.3 本书的不足之处

（1）在采用大数据样本实证检验改进后信息的有用性时，只是证实了改进后核心信息（资金效率信息）的有用性，并没有用大样本数据证实全部改进后信息（如资金存量信息、资金流量及增量信息、财务风险信息）的有用性。

（2）在大样本数据实证检验改进后核心信息的价值相关性时，只证实了股权投资者对改进后核心信息的敏感程度，并没有涉及债权投资者。在大样本数据实证检验改进后核心信息的盈利预测性时，受制于我国会计制度的历史沿革，采用样本外检验的年份较少，一定程度上会影响检验结果的稳健性。

（3）在改进后的报表列报的具体方案和列报样式上，很多细节有待进一步商榷和研究，例如货币资金应该列入经营性资产还是投资性资产？企业对合营企业和联营业务的投资与企业其他投资是否应该做区分？汇兑损益如何划分？资产减值损失应该划为经常性盈余还是非常盈余？很多具体问题还需要实务界与理论界的进一步详细研究才能得出定论。

9.4 研究展望

（1）进一步搜集案例，用案例的方式进一步证实改进后信息的有用性和适用性。

（2）搜集债券违约和银行违约数据，用反证法证实改进后财务风险信息的有用性。

（3）将经济活动的改进后分类法方法与会计研究的多个课题

相结合，如计量属性、具体会计准则的修订、盈余管理等。例如，企业持有这些资产或负债的目的是企业的生产经营活动而不是出售，因此这些资产或负债的公允价值对企业意义不大，因此，在会计处理时宜采用历史成本为主的计量模式。投资性房地产的持有目的是进行投资，宜采用公允价值计量模式，将其投资所得计入“投资收益”。

关于企业财务报表列报改进的调查问卷

尊敬的女士/先生，感谢您百忙之中抽空参加此次问卷调查。企业的财务信息主要通过资产负债表、利润表、现金流量表来反映，您对这些报表项目的设置及报表的结构满意吗？您对财务报表列报的改进有好的建议吗？请不吝赐教！

一、财务报表列报存在的问题

1. 您认为现行财务报表是否可以准确详细传达企业的基本财务信息？[单选题]

○不可以，需要很大改进

○基本不可以，需要改进

○基本可以，但需要完善

○可以

○完全可以

2. 您认为现行财务报表是否能满足股东的需求？[单选题]

○不能满足

○只能够满足部分需求

○能够基本满足

○能够满足

○完全能够满足

3. 您认为现行财务报表是否能满足债权人的需求？[单选题]

○不能满足

○只能够满足部分需求

○能够基本满足

○能够满足

○完全能够满足

4. 现行现金流量表中列示了“经营活动现金流量”，而利润表中没有列示“经营活动利润”，资产负债表中也没有相应的经营活动资产，有观点认为这不利于对企业经营活动盈利能力和盈利质量的判断，您认为这个问题需要改进吗？[单选题]

○非常需要

○需要

○可以适当改进

○改不改进都可以

○不需要

5. 有观点认为现行财务报表项目分类不一致（资产负债表按流动性分类，利润表按营业活动和营业外活动分类，现金流量表按经营活动、投资活动、筹资活动分类），使报表之间难以形成勾稽关系。您认为这个问题需要改进吗？[单选题]

○非常需要

○需要

○可以适当改进

○改不改进都可以

○不需要

6. 现行利润表中“投资收益”中的“投资”和现金流量表中“投资活动取得的现金流量”中的“投资”包含内容不同，有观点认为这会导致报表使用者的概念混乱，从而影响信息的有效传递。您认为这个问题需要改进吗？[单选题]

○非常需要

○需要

○可以适当改进

○改不改进都可以

○不需要

7. 有观点认为利润表中“利润总额”小计中包括内容太多，不能反映企业核心业务创造价值的能力，不利于同行业竞争力的对比，您认为这个问题需要改进吗？[单选题]

○非常需要

○需要

○可以适当改进

○改不改进都可以

○不需要

8. 有观点认为现行财务报表不能提供企业经营战略、融资战略方面的信息，您认为这个问题需要改进吗？[单选题]

○非常需要

○需要

○可以适当改进

○改不改进都可以

○不需要

9. 有观点认为利润表中提供的财务费用（利息支出）信息不能完全反映企业的融资费用（因为企业符合条件资本化的融资费用已经计入长期资产的成本中），从而会影响债权人对企业偿债能力的判断。您认为企业全部融资费用信息的提供有必要吗？[单选题]

○非常有必要

○有必要

○有一定必要性

○提不提供都可以

○没必要

10. 有观点认为现行资产负债表中将由于交易关系产生的经营性负债与由于借贷关系产生的金融性负债混为一谈，容易导致报表使用者对企业杠杆率的误判，也会影响报表使用者对企业融资策略和融资风险的判断。您认为这个问题需要改进吗？[单选题]

○非常需要

○需要

○可以适当改进

○改不改进都可以

○不需要

11. 有观点认为现行财务报表不能反映不同功能的资源对未来机会或风险的应对能力信息，即不能提供可以判断企业财务弹性的信息。您认为这类信息的提供有必要吗？[单选题]

○非常有必要

○有必要

○有一定必要性

○提不提供都可以

○没必要

12. 关于现行财务报表列报存在的缺陷方面，您需要阐述的观点或建议有：[论述题]

二、利润表的改进

13. 国际财务报告理事会建议在利润表中单设“经营活动利润”来反映企业通过其主营业务创造的利润，并能与现金流量表中“经营活动产生的现金流量”相对比来反映“经营活动利润”的质量，您认为这项设置有必要吗？[单选题]

○非常有必要

○有必要

○有一定必要性

○设不设置都可以

○没有必要

14. 国际财务报告理事会建议在利润表中单设“投资活动利润”来反映企业的对外投资活动中取得的投资损益（如购买股票、债券等取得的损益），并能与现金流量表中“投资活动产生的现金流量”对比来反映投资活动利润的质量。您认为此项设置有必要吗？[单选题]

○非常有必要

○有必要

○有一定必要性

○设不设置都可以

○没有必要

15. “投资活动类别”被定义为“独立产生投资回报的资产，该资产独立于或基本独立于企业其他资产”，您认为此定义合理吗？[单选题]

○非常合理

○合理

○基本合理

○有一定的合理性

○不合理

16. 国际财务报告理事会建议单设“筹资活动类别”来反映企业因为筹资活动而发生的损益（如借款费用及手续费等），您认为这项设置有必要吗？[单选题]

○非常有必要

○有必要

○有一定必要性

○设不设置都可以

○没有必要

17. 国际财务报告理事会建议将“现金及现金等价物取得的利息收入（如银行存款利息）”列入筹资活动类别，作为筹资费用的减项，您认为此项做法合理吗？[单选题]

○非常合理

○合理

○基本合理

○有一定的合理性

○不合理

18. 有观点认为现金及现金等价物在银行中的存放也属于一种投资活动，因此“现金及现金等价物取得的利息收入（如银行存款利息）”应该列入投资活动损益，您认为这种观点合理吗？[单选题]

○非常合理

○合理

○基本合理

○有一定的合理性

○不合理

19. 国际财务报告理事会建议，合营及联营企业应该分为两类，一类与本企业经营业务有很大关系的，被称为“一体化的合营和联营企业”，从此种企业中取得的投资收益应该单独列示。而另一类与本企业经营业务没有关系，可以归入“投资活动类别”列示。您认为此种做法合理吗？[单选题]

○非常合理

○合理

○基本合理

○有一定的合理性

○不合理

20. 国际财务报告理事会界定了“非经常损益”的概念，即未来发生可能性很低，持续性很差的损益。有观点认为这种损益虽然对未来盈利的预测性比较差，但报表使用者需要此类信息做决策，因此应该在利润表中对此类信息单独列示。您认为在利润表中单独列示“非经常损益”信息有必要吗？[单选题]

○非常有必要

○有必要

○有一定必要性

○列不列示都可以

○没有必要

21. 关于利润表的改进，您还需要表达的观点或建议有：[论述题]

____

三、资产负债表和现金流量表的改进

22. 有观点认为资产负债表中应该分别列示企业投放在经营活动和投资活动中的资金，从而反映企业的资源配置战略。相应的分类也可以实现报表间项目分类的统一。您认为这种做法有必要吗？[单选题]

○很有必要

○有必要

○有一定必要性

○分不分类都可以

○没有必要

23. 有观点认为在企业经营过程中发生的负债（如应付账款、预收账款、应付职工薪酬）属于经营性负债，与企业的金融性负债（如短期借款、长期借款、应付债券等）性质不同，应该区分列示。区分列示还可以反映企业的行业竞争地位和融资战略。您认为这种做法合理吗？[单选题]

○非常合理

○合理

○基本合理

○有一定合理性

○不合理

24. 有观点认为，利润表中应该列示“经营活动利润”，资产负债表上应该列示“经营活动净资产”，而“经营活动利润/经营活动净资产”指标可以准确反映企业经营活动的资金回报效率。您认为这种观点合理吗？[单选题]

○非常合理

○合理

○基本合理

○有一定的合理性

○不合理

25. 有观点认为，利润表中应该列示“投资活动利润”，资产负债表上应该列示“投资活动净资产”，而“投资活动利润/投资活动净资产”指标可以准确反映企业投资活动的资金回报效率。您认为这种观点合理吗？[单选题]

○非常合理

○合理

○基本合理

○有一定合理性

○不合理

26. 有观点认为，在资产负债表上要分别列示企业运用到经营活动和投资活动上的资金数额，可以反映企业融资对不同活动资金需求的资金保障能力，并可以结合现金流量表进一步更好的评估企业将来的资金供应能力，从而反映企业的财务弹性信息。您认为这种观点合理吗？[单选题]

○非常合理

○合理

○基本合理

○有一定合理性

○不合理

27. 国际财务报告理事会建议在现金流量表编制的间接法中，以“经营活动利润”而非“净利润”作为间接法编制的基础，您认为此项建议合理吗？[单选题]

○非常合理

○合理

○基本合理

○有一定合理性

○不合理

28. 有观点认为，应该将“经营活动现金净流量”区分为“经营活动EBITDA”和“经营活动营运资金节约额”两部分，以反映企业流量管理和存量管理的成效，您认为此项建议合理吗？[单选题]

○非常合理

○合理

○基本合理

○有一定的合理性

○不合理

29. 关于资产负债表和现金流量表的改进，您还需要表达的观点或建议有：[论述题]

四、个人信息

30. 您的年龄段：[单选题]

○30 岁以下　○31～40 岁　○41～50 岁　○51 岁以上

31. 您的学历是：[单选题] *

○专科及以下

○本科

○硕士研究生

○博士研究生

32. 您的专业是：[单选题] *

○财会类

○金融类

○企业管理类

○其他

33. 您的从业时间是：[单选题] *

○1 年及以下

○1～5 年

○5～10 年

○10 年及以上

34. 您的专业职称是：[单选题] *

○没有职称

○初级

○中级

○高级

35. 您所在单位性质，是否是上市公司：[多选题] *

□制造业

□服务业

□房地产

□行政事业单位

□金融类

□投行、券商等中介机构

□其他类

□上市

□非上市

36. 您所在单位职工人数：[单选题] *

○≤200 人

○200～1000 人

○1000～5000 人

○5000～50000 人

○>50000 人

37. 您的职业类别是：[单选题] *

○会计员

○会计主管

○财务经理

○财务总监

○银行工作人员

○审计人员

○税局干部

○高校教师或研究所研究人员

○其他职业

附录2

三种分类方法下不同模型的预测绝对误差

变量	2015 年			2016 年			2017 年		
	模型 6－1	模型 6－2	模型 6－3	模型 6－1	模型 6－2	模型 6－3	模型 6－1	模型 6－2	模型 6－3
GOE_{t-1}	0.819***			0.751***			0.781***		
NOE_{t-1}	0.4			0.338			0.263		
LR_{t-1}	0.010**			0.005			0.004		
$GOE_{t-1} \times LR_{t-1}$	0.016			0.071			0.079*		
$NOE_{t-1} \times LR_{t-1}$	-0.095			-0.138			-0.152		
$size$	0.005***	0.005**	0.009***	0.006***	0.006***	0.010***	0.006***	0.006***	0.009***
NOA_gr	0.008	-0.012	-0.003	-0.014	-0.032	-0.025	-0.034	-0.050**	-0.045*
BVE_gr	0.386***	0.396***	0.408***	0.392***	0.399***	0.409***	0.377***	0.380***	0.393***
LIA_gr	-0.021	-0.012	-0.015	-0.016	-0.005	-0.009	-0.005	0.003	0.001
$RNOAU_{t-1}$		0.659***			0.641***			0.650***	
$RNOAS_{t-1}$		0.097			0.147**			0.146**	
$RNIA_{t-1}$		-0.003			-0.001			0	
NBC_{t-1}		-0.002			0			-0.005*	

续表

变量	2015 年			2016 年			2017 年		
	模型 6 – 1	模型 6 – 2	模型 6 – 3	模型 6 – 1	模型 6 – 2	模型 6 – 3	模型 6 – 1	模型 6 – 2	模型 6 – 3
$FLEV_{t-1}$		0.010 *			0.008			0.004	
$NIAP_{t-1}$		0.042 **			0.048 ***			0.051 **	
$RNIA_{t-1} \times NIAP_{t-1}$		0.123 ***			0.125 ***			0.108 **	
$RNOAU_{t-1} \times NIAP_{t-1}$		–0.474 ***			–0.478 ***			–0.508 ***	
$RNOAS_{t-1} \times NIAP_{t-1}$		0.108			0.132			0.159	
$RNOAU_{t-1} \times FLEV_{t-1}$		0.057			0.09			0.142 ***	
$RNOAS_{t-1} \times FLEV_{t-1}$		–0.085			–0.184 **			–0.200 ***	
$NBC_{t-1} \times FLEV_{t-1}$		–0.300 **			–0.412 ***			–0.405 ***	
$RNOA_{t-1}$			0.371 ***			0.381 ***			0.423 ***
$NBC1_{t-1}$			–0.003			–0.003			0
$FLEV1_{t-1}$			–0.007			–0.013 *			–0.011
$NBC1_{t-1} \times FLEV1_{t-1}$			–0.151 ***			–0.174 ***			–0.176 ***
$RNOA_{t-1} \times FLEV1_{t-1}$			0.076 **			0.098 **			0.089 **
_cons	–0.122 ***	–0.119 ***	–0.186 ***	–0.139 ***	–0.141 ***	–0.211 ***	–0.146 ***	–0.143 ***	–0.209 ***
r^2_a	0.601	0.618	0.579	0.601	0.62	0.582	0.586	0.606	0.566
N	8144	8144	8144	8704	8704	8704	9146	9146	9146
F	14.134	16.339	23.42	33.038	20.009	25.226	21.299	18.359	29.858
预测绝对误差均值	0.083283	0.0805204	0.086489	0.075637	0.0745092	0.077257	0.061722	0.0601398	0.062499
预测绝对误差中位数	0.04606	0.0451109	0.049837	0.04235	0.0410782	0.043585	0.034417	0.0340469	0.036516

资料来源：作者计算整理。

续表

变量	2018年			2019年		
	模型6-1	模型6-2	模型6-3	模型6-1	模型6-2	模型6-3
GOE_{t-1}	0.783***			0.790***		
NOE_{t-1}	0.291			0.29		
LR_{t-1}	0.001			0.001		
$GOE_{t-1} \times LR_{t-1}$	0.071			0.062		
$NOE_{t-1} \times LR_{t-1}$	-0.182			-0.16		
$size$	0.007***	0.007***	0.011***	0.007***	0.007***	0.011***
NOA_gr	-0.052**	-0.065***	-0.063***	-0.066***	-0.079***	-0.077***
BVE_gr	0.359***	0.361***	0.377***	0.363***	0.364***	0.378***
LIA_gr	0.005	0.012*	0.011	0.008	0.013**	0.014**
$RNOAU_{t-1}$		0.679***			0.677***	
$RNOAS_{t-1}$		0.119*			0.116**	
$RNIA_{t-1}$		0			0.001	
NBC_{t-1}		-0.002			-0.002**	
$FLEV_{t-1}$		0.004			0.002	
$NIAP_{t-1}$		0.058***			0.055***	
$RNIA_{t-1} \times NIAP_{t-1}$		0.108***			0.095***	

续表

变量	2018 年			2019 年		
	模型 6-1	模型 6-2	模型 6-3	模型 6-1	模型 6-2	模型 6-3
$RNOAU_{t-1} \times NIAP_{t-1}$		-0.570***			-0.571***	
$RNOAS_{t-1} \times NIAP_{t-1}$		0.201			0.218	
$RNOAU_{t-1} \times FLEV_{t-1}$		0.117**			0.118**	
$RNOAS_{t-1} \times FLEV_{t-1}$		-0.215***			-0.173**	
$NBC_{t-1} \times FLEV_{t-1}$		-0.487***			-0.472***	
$RNOA_{t-1}$			0.415***			0.419***
$NBC1_{t-1}$			0.001			0.001
$FLEV1_{t-1}$			-0.015***			-0.016***
$NBC1_{t-1} \times FLEV1_{t-1}$			-0.174***			-0.170***
$RNOA_{t-1} \times FLEV1_{t-1}$			0.076*			0.077*
_cons	-0.171***	-0.176***	-0.242***	-0.193***	-0.198***	-0.262***
r^2_a	0.558	0.581	0.536	0.554	0.575	0.535
N	9620	9620	9620	10486	10486	10486
F	27.269	43.89	40.624	32.323	40.534	39.102
预测绝对误差均值	0.079969	0.0791551	0.081175	0.07426	0.0707126	0.075155
预测绝对误差中位数	0.03874	0.0375348	0.041716	0.038088	0.0352568	0.041092

资料来源：作者计算整理。

参考文献

[1] FASB/IASB, 2010. Staff Draft of Exposure Draft: Financial Statement Prensentation [R]. IFRS (7).

[2] FASB/IASB, 2008. Discussion Paper: Preliminary Views on Financial Statement Presentation [R]. IFRS (10).

[3] IASB, 2018 STAFF PAPER: Primary Financial Statements (Cover note and summary of the Board's tentative decisions) [R]. IFRS (11).

[4] IASB, 2018. Conceptual Framework for Financial Reporting [R], IFRS (3).

[5] IASB, 2019. Exposure Draft: General Presentation and Disclosures [R]. IFRS (12).

[6] AICPA, 1994. Improving Business Reporting—A Customer Focus: Meeting the Information Needs of Investors and Creditors, Comprehensive Report of the Special Committee on Financial Reporting [R]. The Jenkins Report, American Institute of Certified Public Accountants, New York.

[7] Paul B W Miller, Paul R Bahnson, 2004. 高质量财务报告 [M]. 阎达五，李勇，等，译. 北京：机械工业出版社.

[8] Ohlson, J, 1995. Earnings, book values and dividends in security valuation [J]. Contemporary Accounting Research, 11: 661 - 687.

[9] Feltham, G A, Ohlson, J A, 1995. Valuation and clean

surplus accounting for operating and financial activities [J]. Contemporary Accounting Research, 11: 689 – 732.

[10] Penman, S H, 2013. Financial statement analysis & security valuation (5th ed) [M]. Boston, MA: McGraw – Hill Irwin.

[11] Esplin A, M Hewitt, M Plumlee, T L Yohn, 2014. Disaggregating operating and financial activities: implications for forecasts of profitability [J]. Review of Accounting Studies, 19: 328 – 362.

[12] IASB, 2017. Better Communication in Financial Reporting [R]. IFRS (10).

[13] Barth M E , 2018. The Future of Financial Reporting: Insights from Research [J]. ABACUS. (54), No. 1: 1 – 13.

[14] 梁勇, 2016. 我国财务报表列报改革研究 [M]. 北京: 经济科学出版社: 30 – 80.

[15] 王河流, 2016. 从会计信息勾稽关系论我国财务报表列报改革——基于 IASB/FASB 财务报表列报变革的视角 [J]. 福建论坛: 人文社会科学版, (9): 41 – 47.

[16] 张新民, 2019. 关于企业会计准则改革的若干思考 [J]. 北京工商大学学报 (社会科学版), (1): 1 – 8.

[17] 王竹泉, 周在霞, 2018. 现行财务报表列报及分析体系缺陷与改进 [J]. 当代会计评论, (4): 119 – 138.

[18] 王竹泉, 2019. 企业资金配置优化的概念框架 [J]. 财务与会计, (21): 30 – 33.

[19] 张婷婷, 张新民, 2017. 战略结构、战略执行与企业风险 [J]. 当代财经, (5): 126 – 133.

[20] 王竹泉, 王苑琢, 王舒慧, 2019. 中国实体经济资金效率与财务风险真实水平透析 [J]. 管理世界, (2): 58 – 73.

[21] Byoun, S, 2008. Financial Flexibility and Capital Structure Decision [D]. Baylor University Working Paper.

[22] Denis D J, McKeon S B. Debt Financing and Financial Flexibility: Evidence from Proactive Leverage Increases [J]. Review of Financial Studies, (25).

[23] 张荣琳，霍国庆，2007. 企业战略风险的类型、成因与对策分析 [J]. 中国软科学，(6): 50-57.

[24] 张新民，朱爽，2007. 关于资产负债表的经济学思考 [J]. 中国工业经济，(11): 88-95.

[25] 张新民，钱爱民，2017. 财务报表分析 [M]. 北京: 中国人民大学出版社，116-153.

[26] FASB/IASB, 2010. Conceptual Framework for Financial Reporting: Chapter 1, The Objective of General Purpose Financial Reporting, and Chapter 3, Qualitative Characteristics of Useful Financial Information [R]. London: The International Accounting Standards Board, (5).

[27] 葛家澍，1998. 试论经济学是会计学的基础 [J]. 东南学术，(3): 28-32.

[28] IASB, 2014. Agenda Paper 10E Project - The Conceptual Framework. Reporting Entity - Perspective [R]. London: The International Accounting Standards Board, (5).

[29] Carien V Mourik, 2014. The Equity Theories and the IASB Conceptual Framework [J]. Accounting in Europe, (11) No. 2: 219-233.

[30] Fairfield, P M, Yohn, T L, 2001. Using asset turnover and profit margin to forecast changes in profitability [J]. Review of Accounting Studies, (6): 372-386.

[31] Gordon E A, Bischof J, Daske H, Munter P, Saka C, Smith K J, Venter E R, 2015. The IASB's Discussion Paper on the Conceptual Framework for Financial Reporting: A Commentary and Re-

search Review [J]. Journal of International Financial Management & Accounting, (26): 72 – 105.

[32] Sutton D B, Cordery C, ZijlT V, 2015. The Purpose of Financial Reporting: The Case for Coherence in the Conceptual Framework and Standards [J]. ABACUS, 51 (1): 116 – 140.

[33] IASB, 2015. Exposure Draft. Conceptual Framework for Financial Reporting [R]. London: The International Accounting Standards Board , (5).

[34] Steven M H Wallman, 1996. The Future of Accounting and Financial Reporting, Part: The Colorrized Approach [J]. Accounting Horizon, 10 (2): 138.

[35] AAA FASC. 2010. Response to the Financial Accounting Standards Board's and the International Accounting Standard Board's Joint Discussion Paper Entitled Preliminary Views on Financial Statement Presentation [J]. Accounting Horizons, 24 (1): 149 – 158.

[36] Fairfield P M, K A Kitching , V W Tang, 2009. Are special items informative about future profit margins? [J]. Rev Account Stud, 14: 204 – 236.

[37] Jones, D A, K J Smith, 2011. Comparing the value relevance, predictive value, and persistence of other comprehensive income and special items [J]. The Accounting Review, 86 (6): 2047 – 2073.

[38] Lei Dong, Bernard Wong – On – Wing and Gladie Lui, 2016. Are Investors Influenced by Accounting Presentation Format and Announcement Prominence of Special Items [J]. Advances in Accounting Behavioral Research, 19 (10): 69 – 95.

[39] Nissim D, S H Penman, 2001. Ratio Analysis and Equity Valuation: From Research to Practice. Review of Accounting Studies,

(6): 109 - 154.

[40] Penman, S, X Zhang, 2003. Modeling sustainable earnings and P/E ratios using financial statement information. Working paper, Columbia University.

[41] Richardson, S, R Sloan, M Soliman, I Tuna, 2005. Accrual reliability, earnings persistence and stock prices [J]. Journal of Accounting and Economics, 39: 437 - 485.

[42] Soliman M T, 2008. The Use of DuPont Analysis by Market Participants [J]. The Accounting Review, 83 (3): 823 - 853.

[43] Linsmeier, T J, 2016. Revised Model for Presentation in Statement (s) of Financial Performance: Potential Implications for Measurement in the Conceptual Framework [J]. Accounting Horizons, 30 (4): 485 - 498.

[44] Ohlson, J, 1999. On transitory earnings [J]. Review of Accounting Studies, 4: 145 - 162.

[45] Lipe, R C, 1986. The information contained in the components of earnings [J]. Journal of Accounting Research, 24 (Supplement): 37 - 64.

[46] Francis, J, R LaFond, P Olsson, K Schipper, 2004. Costs of equity and earnings attributes [J]. The Accounting Review, 79 (4): 967 - 1010.

[47] Bradshaw, M T, R G Sloan, 2002. GAAP versus the street: An empirical assessment of two alternative definitions of earnings [J]. Journal of Accounting Research, 40 (1): 41 - 66.

[48] Burgstahler, D, J Jiambalvo, T Shevlin, 2002. Do stock prices fully reflect the implications of special items for future earnings? [J]. Journal of Accounting Research, 40 (3): 585 - 612.

[49] Sloan, R G, 1996. Do stock prices fully reflect information

in accruals and cash flows about future earnings? [J]. The Accounting Review, 71 (3): 289 -315.

[50] Dechow P, W Ge, 2006. The persistence of earnings and cash flows and the role of special items: Implications for the accrual anomaly [J]. Review of Accounting Studies, 11 (2 -3): 253 -296.

[51] K W Hui, K K Nelson, P E Yeung, 2016. On the persistence and pricing of industry - wide and firm - specific earnings, cash flows, and accruals [J]. Journal of Accounting and Economics,, 61 (1): 185 -202.

[52] Xuan Wu, Gaoliang Tian, Yueting Li, Qing Zhou, 2019. On the pricing of the persistence of earnings components in China [J]. Pacific - Basin Finance Journal, (53): 112 -132.

[53] Barth, M E, W H Beaver, W R Landsman, 2001. The relevance of the value relevance literature for financial accounting standard setting: Another views [J]. Journal of Accounting and Economics, 31 (1 -3): 77 -104.

[54] Jackson A B, M A Plumlee, B R Rountree, 2018. Decomposing the market, industry, and firm components of profitability: implications for forecasts of profitability [J]. Review of Accounting Studies, 3 (3): 1071 -1095.

[55] Penman, S, H, 2001. Financial Statement Analysis and Security Valuation [M]. 1st edition. New York, NY: McGraw Hill.

[56] Cutillas - Gomariz M F, Juan Pedro Sánchez - Ballesta , José Yagüe, 2016. The effects of IFRS on net income and earnings components: value relevance, persistence, and predictive value. Spanish Journal of Finance and Accounting, 7: 1 -21.

[57] Holthausen, R W , R L Watts, 2001. The Relevance of the Value - Relevance Literature for Financial Accounting Standard Setting

[J]. Journal of Accounting and Economics, 31: 3 – 75.

[58] Bowen R, 1981. The valuation of earnings components in the electric utility industry [J]. The Accounting Review, 56 (1): 1 – 22.

[59] Barth. M., W. Beaver and M. Wolfson. 1990. Components of earnings and structure of bank share prices [J]. Financial Analysts Journal, 46 (5): 53 – 60.

[60] Ohlson, J A, S H Penman, 1992. Disaggregated accounting data as explanatory variables for returns [J]. Journal of Accounting, Auditing and Finance, 7: 553 – 573.

[61] Amir, E, 1983 The market valuation of accounting information: the case of post – retirement benefits other than pensions [J]. The Accounting Review , 68: 703 – 724.

[62] 任世驰，罗绍德，2011. IASB 与 FASB《通用目的财务报告的目标》述评 [J]. 会计研究 (3): 25 – 31.

[63] 汪祥耀，金一禾，2014. 财务报告概念框架列报与披露演进 [J]. 财会通讯：综合 (上) (5): 6 – 9.

[64] 葛家澍，杜兴强，2004. 财务会计的基本概念、基本特征与基本程序 (六) [J]. 财会通讯 (1): 7 – 9.

[65] 葛家澍，占美松，2008. 企业财务报告分析必须着重关注的几个财务信息——流动性、财务适应性、预期现金净流入、盈利能力和市场风险 [J]. 会计研究 (5): 3 – 9.

[66] 葛家澍，刘峰，2011. 论企业财务报告的性质及其信息的基本特征 [J]. 会计研究 (3): 3 – 8.

[67] 刘峰，葛家澍，2011. 论财务会计概念框架中的报告主体概念 [J]. 会计研究 (3): 3 – 7.

[68] 葛家澍，陈朝琳，2011. 财务报告概念框架的新篇章——评美国 FASB 第 8 号概念框架 [J]. 会计研究 (3): 3 – 8.

[69] 任永平，李伟，江雨婷，2014. 从 IASB 概念框架重建，看会计基础理论创新——基于 IASB《财务报告概念框架复评》文稿的思考 [A]. 中国会计学会会计基础理论专业委员会 2014 年学术研讨会论文集 [C].

[70] 秦玉熙，2013. 金融逻辑基础上的财务报告概念框架变革 [J]. 当代财经 (6): 121-128.

[71] 夏冬林，2015. 受托责任、决策有用性与投资者保护 [J]. 会计研究 (1): 25-31.

[72] 黄晓韡，黄世忠，2016. 财务报告概念框架修订热点问题综述 [J]. 会计研究 (1): 25-30.

[73] 陆建桥，王文慧，2018. 国际财务报告准则研究最新动态与重点关注问题 [J]. 会计研究 (1): 89-94.

[74] 陆建桥，2019. 国际财务报告准则 2018 年发展成效与未来展望 [J]. 财务与会计 (2): 7-13.

[75] 陆建桥，2020. 国际财务报告准则 2019 年发展成效与未来展望 [J]. 财务与会计 (3): 9-17.

[76] 杨有红，2020. 基于综合收益列报的报表勾稽关系重构 [J]. 会计之友 (6): 2-8.

[77] 张金若，宋颖，2009. 关于企业财务报表分类列报的探讨 [J]. 会计研究 (9): 29-35.

[78] 温青山，何涛，姚淑瑜，等，2009. 基于财务分析视角的改进财务报表列报效果研究 [J]. 会计研究 (3): 10-17.

[79] 王仲兵，2010. 论财务报表列报方式变革：动因、挑战与趋同路径 [J]. 上海立信会计学院学报 (1): 48-53.

[80] 葛家澍，2011. 关于财务报表列报问题 [J]. 财会学习 (1): 21-25.

[81] 王跃堂，李佚，2012. 财务报表列报改革及启示 [J]. 审计与经济研究 (1): 48-59.

[82] 陈彬，2012. 从IASB/FASB联合概念框架看财务报表列报的变革 [J]. 会计之友 (7): 23-26.

[83] 王竹泉，2013. 重新认识营业活动和营运资金 [J]. 财务与会计（理财版）(4): 1.

[84] 张婷婷，张新民，2017. 战略结构、战略执行与企业风险——基于财务报表的企业风险分析 [J]. 当代财经 (5): 126-133.

[85] Bao, B, L Chow, 1999. The usefulness of earnings and book value for equity valuation in an emerging capital market: evidence from listed companies in the People's Republic of China [J]. Journal of International Financial Management and Accounting, 10: 85-104.

[86] Chen G, M Firth, J B Kim, 2002. The use of accounting information for the valuation of dual-class shares listing on China's stock markets [J]. Accounting and Business Research, 32: 123-131.

[87] 陈信元，陈冬华，朱红军，2002. 净资产、剩余收益与市场定价：会计信息的价值相关性 [J]. 金融研究 (4): 59-70.

[88] Chen S, Y Wang, 2004. Evidence from China on the value relevance of operating income vs. below-the-line items [J]. The International Journal of Accounting, 39 (4): 339-364.

[89] Chen G, M Firth, D N Gao, 2011. The information content of earnings components: Evidence from the Chinese stock market [J]. European Accounting Review, 20 (4): 669-692.

[90] 李翔，2012. 财务报表分类列报的盈余解释力和价值相关性实证研究 [D]. 重庆：重庆大学经济与工商管理学院.

[91] 王贞洁，王竹泉，苏昕卉，2019. 我国上市公司杠杆错估误导了银行信贷决策吗？[J]. 南开管理评论 (4): 56-68.

[92] 宋晓缤，王竹泉，2019. 短期偿债能力评价方法优化研

究 [J]. 财务与会计 (21): 37 - 40.

[93] American Institute of Certified Public Accountants (AICPA). Accounting Terminology Bulletin No 1 [R]. 1953.

[94] William R Scott, 2012. 财务会计理论 [M]. 陈汉文, 等, 译. 北京: 中国人民大学出版社: 126 - 181.

[95] American Accounting Association (AAA), 1966. A Statement of Basic Accounting Theory.

[96] American Institute of Certified Public Accountants (AICPA), 1970. Basic Concepts and Accounting Principles Underlying Financial Statements of Business Enterprises [R]. APB Statement No. 4: 9057 - 9106.

[97] American Institute of Certified Public Accountants (AICPA), 1973. Objectives of Financial Statement [R].

[98] American Accounting Association (AAA), 1977. Statement on Accounting Theory and Theory Acceptance [R].

[99] Financial Accounting Standards Board (FASB), 1978. "Objectives of Financial Reporting by Business Enterprises". Statement of Financial Accounting Concepts No. 1 [R].

[100] Harry I Wolk, James L Dodd, John J Rozycki, 2010. 会计理论 [M]. 7 版. 陈燕, 杨洁, 译. 大连: 东北财经大学出版社.

[101] 葛家澍, 1998. 试论经济学是会计学的基础 [J]. 东南学术 (3): 28 - 32.

[102] R Watts, J Zimmerman . Agence Problem, Auditing and the theory of the Firm : Some Evidence [J]. Journal of Law and Economics. 26 (3): 613 - 628.

[103] 伍中信, 黄嘉怡, 2018. 产权功能与会计使命 [J]. 财会月刊 (2): 3 - 11.

[104] Carien V Mourik, 2010. The Equity Theories and Financial Reporting: An Analysis. Accounting in Europe. Vol. 7 (2), 191 - 211.

[105] 王竹泉，杜媛，2012. 利益相关者集体选择视角的报告主体与财务列报 [A]. 中国会计学会财务成本分会2012年会论文 [C].

[106] Francis A B, 1981. Accounting Theory—Conceptual CPA Approach [M]. Robert F. Dame, Inc. .

[107] Hendrickem, E , Michael F V, 1992. Accounting Theory (5th Edition) [M]. American Institute of Certified Public Accountants, Inc. .

[108] Newberry, S, 2003. Reporting performance: comprehensive income and its components [J]. Abacus, 39 (3): 325 -339.

[109] Schroeder, R G, Clark, M W , Cathey, J M, 2001. Financial Accounting Theory and Analysis: Text Readings and Cases [M]. New York: John Wiley.

[110] Ahjmed Riahi - Belkaoui. 2000. Accounting Theory (4th Edition) [M]. Thomson Learning.

[111] Carien V Mourik, 2014. The Equity Theories and the IASB Conceptual Framework [J]. Accounting in Europe, 11 (2): 219 -233.

[112] 孙铮，1999. 企业的产权性质与会计的权益理论（上）[J]. 上海会计 (6): 3 -8.

[113] 邵贤弟，1999. 基金理论与未来发展模式 [J]. 事业财会 (8): 41 -42.

[114] 钱健，2002. 会计权益理论研究 [D]. 厦门：厦门大学.

[115] 郭道扬，2004. 论产权会计观与产权会计改革 [J].

会计研究（2）：8－15.

［116］伍中信，张荣武，曹越，2006. 产权范式的会计研究［J］. 会计研究（7）：83－89.

［117］陈今池，1993. 现代会计理论概念［J］. 立信会计出版社.

［118］白彦锋，2007. 基金会计理论与我国政府会计改革［J］. 中央财经大学学报（9）：93－96.

［119］Ramakrishnan，R T S and J K Thomas，1991. Valuation of Permanent，Transitory and Price－Irrelevant Compo－nents of Reported Earnings，Working Paper，Columbia University Business School.

［120］王竹泉，2015. 资本效率分析体系的理论重构［A］. 营运资金管理高峰论坛论文集［C］：1－6.

［121］陆正飞，杨德明，2011. 商业信用：替代性融资还是买方市场. 管理世界（4）：6－14.

［122］马克思，2004. 资本论（第二卷）［M］. 中共中央马克思恩格斯列宁斯大林著作编译局，译. 北京：人民出版社.

［123］雷英，吴建友，2009. 商业银行市场风险披露对使用者的决策影响研究［J］. 会计研究（3），39－46.

［124］谭洪涛，黄晓芝，汪洁，2013. 公允价值盈余波动的风险相关性实证研究［J］. 投资研究（11）：60－77.

［125］李梓，2016. 综合收益信息的决策有用性研究［D］. 北京：中央财经大学会计学院.

［126］Barth M E ，2004. Fair Value and Financial Statement Volatility，The Market Discipline Across Countries and Industries［M］. Cambridge：MIT Pres.

［127］Wernerfelt B，1984. A Resource－Based View of the Firm［J］. Strategic Management Journal，5：171－184.

［128］张新民，朱爽，2007. 关于资产负债表的经济学思考

[J]. 中国工业经济，(11)：88－95.

[129] 程小可，2005. 中国上市公司盈余结构的业绩预测能力 [J]. 经济科学 (4)：109－116.

[130] Sloan, R G, 1996. Do stock prices fully reflect information in accruals and cash flows about future earnings? [J]. The Accounting Review, 71 (3), 289－315.

[131] Fairfield P M, R J Sweeney and T L Yohn, 1996. Accounting Classification and the Predictive Content of Earnings [J]. The Accounting Review, 14: 337－355.

[132] 伍德里奇，2015. 计量经济学导论现代观点 [M]. 5 版. 张成思，李红，张步昙，译. 北京：中国人民大学出版社.

[133] 陈强，2014. 高级计量经济学及 Stata 应用 [M]. 2 版. 北京：高等教育出版社.

[134] 王鑫，2013. 综合收益的价值相关性研究——基于新准则实施的经验证据 [J]. 会计研究 (10)：20－26.

[135] Barth, M E, Beaver, W H, & Landsman, W R, 2001. The relevance of the value relevance literature for financial accounting standard setting: Another views [J]. Journal of Accounting and Economics, 31 (1－3): 77－104.

[136] 袁淳，王平，2005. 会计盈余质量与价值相关性：来自深市的经验证据 [J]. 经济理论与经济管理 (5)：37－39.

[137] 谢建，吴德军，唐洁珑，2015. 管理层能力、产权性质与会计信息价值相关性 [J]. 当代财经 (8)：120－129.

[138] Collins, D. W. and Kothari, S. P., 1989. An Analysis of Intertemporal and Cross－Sectional Determinants of Earnings Response Coefficients [J]. Journal of Accounting and Economics (11), 143－181.

[139] 杨中环，2013. 研发投入对企业价值影响的相关性研

究［J］. 科技管理研究（10）: 42－45.

［140］ Allayannis, G. , Rountree, B. , Weston, J. P. 2005. Earnings Volatility, Cash Flow Volatility and Firm Value. Working Paper.

［141］ Dichev I, Tang V W. 2009. Earnings volatility and earnings predictability ［J］. Journal of Accounting and Economics, 47: 160－181.

［142］ 周敏，王春峰，房振明，2009. 现金流波动性、盈余波动性与企业价值［J］. 商业经济与管理，(4): 82－89.

［143］ Lang M H, Lins K V, Miller D, 2004. Concentrated control, analyst following, and valuation: do analysts matter most when investors are protected least? ［J］. Journal of Accounting Research, 42: 589－623.

［144］ Zhang F X, 2006. Information uncertainty and stock return ［J］. Journal of Finance, 61: 105－137.

［145］ Hodder, L. D. , P. E. Hopkins and J. M. Wahlen, 2006. Risk－relevance of Fair－value Income Measures for Commercial Banks ［J］. The Accounting Review. , 81 (2): 337－375.

［146］ 吕兆德，宿增睿，2016. 源于公允价值的盈余波动增加会计信息含量了吗?［J］. 南京审计大学学报（3）: 65－74.

［147］ 王竹泉，谭云霞，宋晓缤，2019.“降杠杆”“稳杠杆”和“加杠杆”的区域定位［J］. 管理世界（12）: 86－102.

致　谢

时光匆匆如流水，转眼间，博士生涯已经跨入了第五个年头，此刻，在博士论文终于可以划上句号时，心里五味杂陈，往日的一幕幕禁不住涌上心头。五年的博士生涯带给我的，不仅是研究能力的提升、学术的进步，更多的是思想的进步，个人观念的蜕变。我学会了处变不惊，学会了有逻辑的思考，学会了稳住神去克服一个一个困难。博士生涯，将是我一辈子取之不尽的财富。

最感谢的是我敬爱的导师——王竹泉教授！王老师是学生心目中的“男神”，他对学术的热爱、对教学的孜孜不倦、对学生的悉心关怀教导深深感动和影响着我。入校第一年，每每都会沉浸在老师的课堂或讲座中，被他严谨的逻辑和创新的思想所折服，并对他的研究课题产生了浓厚的兴趣。于是，在他的悉心指导下，最终确定了“财务报表列报”作为自己博士生涯的研究课题。在以后研究开展的过程中，每次遇到困难，都能得到老师及时的帮助和指导。老师多次带我参加各种学术会议，开拓了我的视野和研究思路。博士研究路上虽然一路坎坷，但有老师的引领，再多的迷雾都会散去。他为我点燃了一盏最明亮的灯，照亮了我的学术之路。遇到王老师，无疑是我这一生最大的幸运！

感谢答辩组各位专家对论文提出的宝贵意见和建议！感谢中国海洋大学管理学院会计系的各位老师对我的帮助！犹记得在博士论文开题时，张世兴教授、房巧玲教授、罗福凯教授、孙建强教授给予的宝贵意见和建议！感谢论文预答辩时答辩组老师们给出的中肯建议和修改意见！感谢綦好东教授在日常研究和生活中给予的关怀和帮助！感谢同门师哥师姐师弟师妹给予的帮助！感谢在论文写作过程中博士班同学夏秀芳博士、魏仁华博士、庞廷云博士给予的全力支持！

博士五载，承担着家人对我的厚望和无尽支持！感谢我的女儿，她是我的开心果，让我觉得每一天都很精彩！感谢我的先生，他是我最坚强的后盾！感谢我的父母、公婆在生活上的帮助，给我免去了很多后顾之忧。感谢山东科技大学济南校区财经系的各位领导和同事在工作上对我的帮助和照顾！

人生如此，已无遗憾！披荆斩棘，继续努力！迎接我们的，必将是更加灿烂辉煌的明天！